跨出去

被一束黑暗，點亮起來

王盈彬、陳建佑、黃守宏、劉又銘、陳瑞君、王明智、魏與晟、郭淑惠、蔡榮裕／合著

有件事
想要告訴你。

你明白怎麼一回事的：
如果我於悠緩的秋天立於窗口
凝視
晶瑩的月，紅色的枝椏，
如果我於爐火邊
輕觸
細不可感的灰燼
或皺褶斑斑的圓木軀幹，
凡此種種皆引我貼近你，
彷彿存在的一事一物，
芳香，光影，金屬，
是一艘艘小船，航向
那些等候我前往造訪的你的小島。

（聶魯達，如果你將我遺忘，陳黎、張芬齡 譯）

跨出去 被一束黑暗，點亮起來

目錄

「薩所羅蘭精神分析的人間條件10」
2022.11.13成癮工作坊

2021.08.24中研院民族所

序

　　總得走出去，看看別人在做什麼，在想什麼？才有更好的機會，看看自己的樣子是否老化了？是否把原本活生生的想法，無意中已老化成拄著柺杖了？是否自己卻不曾驚覺？薩所羅蘭走進臺灣精神醫學會、臺灣醫療人類學學會、昆明防治中心、中研院民族所，說說我們腦海裡澎湃的想法。我們不知是否有走音，或脫了調？但我們可以從他人的眼光和回應裡，再度看見了我們不曾看見的，或我們視而不見的。看見我們覺得重要的，他人卻是如風吹過，而我們不在意的，卻是他人緊緊守住的分寸。就這樣，我們把2021、2022這兩年相關的部分文字和想法結集成冊，為了不讓它們如流水般逝去。由於這兩三年的疫情，因此這個主題也占了重要的位置，我們也仔細討論了一個成癮者的夢，好像我們還在尋找，那些未知的世界裡還有著多少，我們依然無知的所在？這些交流也在摸索，診療室外的世界可能是什麼？尤其在精神分析取向傾向將外緣因子，都先假設成內在的移情

來觀察，也許這樣子讓我們對於外在現實是太扁平化的了解，因此我們就走出去看看外面的世界，會如何看我們？（薩所羅蘭）

被一束黑暗，點亮起來

第1章

生死大事裡「昇華」概念的窮困，還有什麼承載生死存亡和心身安頓的心理概念？

王盈彬、劉又銘

摘要

　　雖然「昇華」這字眼已是日常用語，這個概念是來自精神分析的推動，變成對於人類文明的貢獻之一。但如果不再細緻化它的意涵，給予更多分層的概念，做為可以進一步探索的方向時，可能讓它變成有限或死掉的語言。於是，我們試著來重新思索它的侷限，以及如何再讓它有個第二春？「昇華」一詞起初是以佛洛伊德的性學理論做根基的說明，試著要說明，何以人在慾望之下，不是只透過直接的慾望表達，而需要或會轉身成其它的創造，例如文學藝術的創作，來得到一種滿足。然而，經過時間的歷練，

不可避免會有一些疑惑，何以有人透過文學書寫閱讀或藝術創作，這些在昇華的古典論述範圍裡的方式，而有了受歡迎的成功創作後，卻仍難以不再往死路上走？這裡的死路包括，從只是不知覺地在成功後，無法享受成果，到想死，這中間是牽涉到很大的範圍。因此我們也相信，無法只靠以上的觀點來說明。其中在於，這些幽微的心理處境要如何讓書寫和創作成為自己創造的「促進的環境」時，我們的知識理解仍有不足。於是，我們推論，是否昇華得以成立有其效果，是在於最後能夠有著「object-relating」的感受，再經過細緻化的客體關係的內在心理經驗流程，來運作起昇華的內在心理防衛機制。

本文

我們可以從臨床的現場談起，這是一個組合案例，訴說的是一位約莫30歲的女性，孩提時經歷過被性侵、被家族衝突不斷的原生家庭所忽視、早熟之後也被家庭指定為經濟困頓時的經援角色、身上有著

跨出去 被一束黑暗，點亮起來

不少的紋身小圖、耳洞耳環指環、自殘後的傷疤，診斷為創傷後壓力症候群，還有……等。這是曾經的問話，「醫師，我想把我的經歷寫成一本書，讓大家可以看到，你覺得這樣會對我比較好嗎？」，「醫師，我從國中起會自己畫一些畫來抒發心情，別人都覺得我畫的很有意義，但是，為什麼，我還是覺得好空虛？好想脫離這個世界。」而當我們要開始思考回應這樣的問題，就會帶入這一個有關「昇華」的總總。現在，我們將要跳開傳統總是認為性慾化的精神分析面向。這樣的背景，其實來自很臨床的發現與需要，因為越來越多的非精神官能症患者出現在診療室，包括：邊緣性、自戀性、解離性、精神病性……等。

　　「簡單地說，對佛洛伊德而言，人類是矛盾的動物；對溫尼考特而言，則是依賴的動物……在性慾尚是不可接受的之前，就已經存在著無助的感覺。依賴便是最初的感覺，在善與惡之前。」——亞當・菲力普（Adam Phillips）（註一）

精神分析的演化

　　精神分析一開始是一門研究「精神官能症」的學問、思考歷程和演化的組成，在佛洛伊德的聲明（Freud, 1923[1922]）可見到如此的軌跡——精神分析代表一項研究心智活動的方法、一種治療的技術、與一門累積成型的科學。隨著時代的演進，愈來愈多的精神醫療臨床經驗與精神分析師，帶領我們進入研究「精神病」的後設心理學的世界。精神分析因著臨床的需求與深化的企圖，要究極那一個無法思考的世界，有學者說那是一個情感能量的世界，也有人說那是一個混沌的世界，只能用感受去體會，如果再往下走，甚至有一個世界，連感受都很模糊，那又該如何去定位，尤其在歷史記憶還無法表徵或被命名之前，那些已經存在而等待記憶去重新經歷的混沌，會如何運作在診療室的空間？

　　如果以成人語言表達的臨床實境來做舉例，就如同要去區辨「可以說出來龍去脈的憂鬱和焦慮的感覺」，和「找不出來龍去脈的憂鬱和焦慮的感覺」，

或是「找到的來龍去脈，卻不足以配對呈現的憂鬱和焦慮感」，甚至是「空虛感」、「莫名的恐慌感」，這些不同的層次，是值得再細細推敲的，因為有些個案也正是受困於這樣的身心不適。同時間不可忽視的是，生物精神醫學及藥物治療的合作搭配是另外一門博深的學問了，很重要，在座也都是專家，我也就不細究下去。

古典的昇華：產生了文學和藝術的創作（一個人）

昇華是性驅力的推動嗎？這是從佛洛伊德所建構的性學理論為根基的說明，對照的是當年在文化社會生活中頗受重視的藝術文學的成就，那是一種神權的展現。如果這是對焦的論述，那麼透過這一個昇華的機制，不須經過性驅力的滿足，而能間接滿足了性驅力的運作路徑與需求，照理說，我們的精神內在會得到一種平衡的滿足感，能量會回到一個相對平靜的狀態，符合佛洛伊德所論述的享樂原則（pleasure principle）的運作，結果的產物是藝術和文學。

「昇華，是佛洛伊德假設的程序，用於解釋與性沒有明顯聯繫，但被認為是由性本能推動的人類活動。佛洛伊德描述的昇華活動的主要類型，是藝術創作和智力探究。這是說本能被昇華了，因為它被轉移到一個新的、非性的目標上，而且它的客體是具有社會價值的對象。」（王盈彬譯）^{（註二）}

會有這樣的定義來自佛洛伊德精神分析學說的假設，性驅力是所有生命動能的來源，有其目的（aim）和客體（object），尋求的是滿足。而當性的驅力無法被滿足時，會產生其衍生物，然後經由防衛機制，形成精神官能症的症狀。而當時要用來解釋一些一樣很有撫慰療癒人心強度的藝術創作和智力探索，就必須假設其目的（aim）和客體（object），是經過了昇華，一種去性化的性驅力的運作，得到了崇高的社會景仰，也間接達成了性驅力的滿足，當然，從這裡也不難想像，何以佛洛伊德常常被人批評是泛性論（pansexuality），只是回到當年的歷史現場，應該也有值得令人探究其政治立場的背景故事。

現在，我們不走批評的路線，反而來看看，「昇

跨出去 被一束黑暗，點亮起來

華」，還有別的嗎？佛洛伊德之後，其實在百花齊放
的精神分析領域，是存在不同的臨床經驗和論述的，
於是有人推論，可能有另外一種非性的能量是存在
的，而其尋求滿足的路徑是經由昇華來達成，也就是
性的滿足不再是唯一的途徑了，Hartmann是其一，
後續也有其他的學者持這樣的看法。

今天要介紹的溫尼考特（Winnicott）的論述，
是在佛洛伊德之後約莫五十年後的一位地位相當重要
的精神分析師，他的論文被引用的次數一直居於精神
分析系列期刊統計中的前五名，他本身也是小兒科醫
師，依循著他的臨床經驗，把佛洛伊德對嬰孩期性學
的理論，更細緻且具體化的深化，甚至是補強修正。
最大背景的不同是，佛洛伊德並未直接治療小孩，而
溫尼考特（Winnicott）有許多與小孩和其照顧者互
動的經驗，於是「昇華」的意義多了一些不同的色
彩。溫尼考特（Winnicott）把昇華放在文化（一群
人一起生活和工作的共存共榮的方式）的層次來想，
就是「過渡現象」和「過渡客體」的形成所在，未觸
及與性的關連（這是完整自體和客體的階段，或是精

神官能症的層次），而是在自體整合形成的過程中，自體經由客體被摧毀，然後客體能存活，在這樣的歷程中，確立了整合的歷程，「我」因此而存在了，期間所歷經情感的挫折與安定，經由文化的容器來存放與釋放，於是「昇華」有了新的定位，也就是這是部分或破碎自體的階段，或是精神病的層次了。

文化所在的位置（一群人）

「佛洛伊德在他的心智圖譜（topography）中，沒有給予文化事物的體驗一席之地。他賦予內在精神現實新的價值，並由此產生了對真實的和真正外在的事物的一個新價值。佛洛伊德用『昇華』這個詞來指出，文化體驗（cultural experience）是有意義的一個位置，但也許他並沒有達到告訴我們，在我們的心智（mind）中，文化體驗是座落在那裡。」（王盈彬譯）^(註三)

這一段文章的引言，透露出一個準備的訊息。佛洛伊德創立的精神分析，由研究歇斯底里症開

被一束黑暗，點亮起來

始，當時深入探索的都是精神內在（intrapsychic）的世界，但是也因此定位了與外在世界的界線。當年所謂的精神官能症症狀，是由內在裝置間的衝突的妥協所形成（ego、id、superego）。當年佛洛伊德根據其分析的經驗和推論，假設了嬰孩性特質（infantile sexuality）的存在，並把精神病理學的發生推論到伊底帕斯情結的發生階段，之後更多的精神分析師克萊因（Klein）、比昂（Bion）、溫尼考特（Winnicott）……等，因為分析了當年佛洛伊德認為無法產生移情的精神病病患，更把病理階段往前推到出生後不久的嬰孩。其中唯有溫尼考特（Winnicott），因為本身是小兒科醫師，於是有大量的臨床直接觀察，用來修正這些被推論出來的理論。這個階段的探索，直接深入到了人尚未形成內在主體的階段，也就是「我」還未成行的階段；由此相較於伊底帕斯階段，是已經有完整主體和客體的階段層次了。

「我對過渡現象的表述的一個重要部分是（正如我已經說到令人厭煩的），我們同意永遠不要對嬰

兒提出挑戰：是你創造了這個客體，還是你方便地就發現它躺在你的周圍？事實上，這個客體是嬰兒與母親（或母親的一部分）結合的象徵。這個象徵是可以被定位的。它座落在有空間和時間的地方，這是母親從存在（在嬰兒的心思中）與嬰兒融合為一體，過渡到，被經驗為被感知而不是被孕育的客體的地方。一個客體的使用，象徵著原本合為一體的兩個實際分開的東西，嬰兒和母親，正在他們分離狀態的起始點上。」（王盈彬譯）^(註三)

這一個階段談的是一種自己在認識經驗自己的過程，從嬰兒和母親合而為一到分離的過程，在這樣的過程中，有的是嬰兒自己的創造，而這樣的創造必須在一種特殊的條件下才能存在，這種現象被溫尼考特（Winnicott）稱為過渡現象，其中有一個過渡客體必須存在，讓一邊漸進，一邊漸退，順利的成型出我的存在。

在這裡有一個一直存在的元素，聯繫住所有的過程，溫尼考特（Winnicott）也在此文中提出就是愛與信任（trust）。而文化的位置，正是座落在這

跨出去　被一束黑暗，點亮起來

樣的地方，這個母嬰共存共榮的內在與外在的過渡空間，對溫尼考特（Winnicott）而言，這是一個錯覺演化的世界。相關的描述如下：

「可以觀察到這個順序：（1）主體與客體相關。（2）客體正在被發現的過程中，而不是被主體放置在自己世界中。（3）主體破壞客體。（4）客體在破壞中倖存下來。（5）主體可以使用客體。客體總是被破壞。這種破壞，成為愛一個真實客體的無意識背景；也就是，主體全能控制範圍之外的客體。對這個問題的研究，涉及對破壞性的正向價值的陳述。破壞性加上客體在破壞中的存活，將客體置於投射性心理機制運作的區域之外，從而創造了一個共享現實的世界，主體可以使用，也可以反饋給主體。」（王盈彬譯）^{（註四）}

現實感的演化與形成，也就在此成為我們臨床醫師關注的交點。現實感的存在與建立，是我們臨床醫師都可以共識出，是辨識精神病和精神官能症最關鍵的區別之一。然而這個並非一分為二的世界，其實大家也都有經驗，有一個交界的地帶，最典型的案列樣

貌，就是大家最感困難掌握的邊緣性狀態，這一個交界，個案常常是以許多的「感覺」的方式來運作，這些感覺可能會往妄想的組織演化，也可能會往現實的存在靠近，也就形成了精神病症狀和精神官能症症狀的元素。

　　精神分析工作的場域並非外在現實，而是精神現實，這是由佛洛伊德從臨床經驗的觀察與研究後，逐步推展出來的一個對於潛意識運作場域的規範與界定，也是要來進一步界定精神分析的發現和其可以運作治療的方向。

　　「精神現實是一種主觀經驗，它源於對客觀的、不完全可知的、外在或物質現實的感官知覺，與潛意識的內在動機和結構決定因素的有意識衍生物的，相互作用和整合。不同理論觀點的分析師，可能會以不同的方式，將這些潛在的潛意識結構決定因素，定義為由無意識的幻想、自體經驗或內化的客體關係組成。」（王盈彬譯）^{（註五）}

　　這裡我們會發現，精神現實就是一種主觀經驗，而且在精神現實中，感覺到的也會是一種「真實的感

跨出去　被一束黑暗，點亮起來

覺」，具有影響力的存在。這是屬於精神分析在定位
「精神現實」的其中一種整理，也就是我們會在外
在現實存在的情況下，仍然有一個不屬於外在現實
的現實存在。這樣的精神現實有許多組合的元素，
結果會讓主體有了一種「眞實的感覺（the sense of
real）」，也就是由一種感覺所運作，並非如外在現
實是由各種具體的科學量度所定義的存在。雖然各家
學說仍有些許分歧，但是大致可以照樣的說明。

　　「這就是我認爲對『精神現實』概念的正確理
解。它不是被認爲是眞實的事實、眞實事件的幻想，
而是對精神事件的『眞實』回憶，其中混合了事實和
幻想。生活在他內心幻想中的創傷事件的影響下，這
成爲患者的動態現實。隨後的事件和對現實的感知，
被選擇性地組織成與內心幻想思維相一致的記憶圖
式。」（王盈彬譯）^(註六)

過渡現象和客體：需要文學和藝術成爲載體

　　文學和藝術，從其本質上其實是很講感覺的一種

存在，雖然有其後科學化的論述，但是許多的創作一開始多是由感覺出發。於是文學和藝術成爲一種感覺的載體，儲存著準備再醞釀繼續變形的動能，而使用這樣的載體可以接收來自客體（觀賞者或閱讀者）的元素，成爲了另一個關鍵的元素，順利的話，這會形成一個促進性環境，可以成就我的成型。

「從促進環境這一領域的失敗中，可以看出與建立各種虛假自我相關的性格障礙發展的整個主題，這些表徵了自我建立和自我發現的失敗。」（王盈彬譯）(註四)

於是當在某些時刻，文學藝術變成是一種溫尼考特（Winnicott）所謂的假我的存在時（不是促進性環境的載體），原本昇華的功能消失了，它成爲了把眞我和現實世界隔絕的圍牆，眞我或創傷仍在等待整合的療癒，於是這裡的文學藝術成爲了沒有創造力的存在，就算是有療癒感，還是無法推動自體的整合。於是「昇華」不再是「昇華」，而可能是用昇華包裝的假我。

「可依賴性的失敗或客體的失去，對孩子來說意

跨出去 被一束黑暗，點亮起來

味著失去了遊戲區域，失去了有意義的象徵。在有利的情況下，潛在的空間充滿了嬰兒自己創造性想像力的產物。在不利的情況下，對客體的創造性使用會丟失或相對不確定。」（王盈彬譯）^{（註三）}

這樣的促進性環境的無法支撐，也就會形成假我的病症，也就是失去了人的品質的人。

「溫尼考特的臨床焦點並非放在傳統定義的心靈病態上……溫尼考特關心的是主觀經驗的品質……他最感興趣的病人不是被強烈衝突撕裂的人，或是被痛苦而又令人費解的症狀折磨的人，也不是飽受憂鬱或罪惡感煩惱的人，而是能像個人一樣行動和運作，卻不覺得自己像是個人的人。假我病症（false self disorder）是溫尼考特用來形容這種病態的術語，在此病態中主體性生病了，也就是說個人特質的品質生病了。」^{（註一）}

參考文獻

註一： 超越佛洛伊德：精神分析的歷史，心靈工坊。

註二： Laplanche, J. and Pontalis, J. B. (1973). The Language of Psycho-Analysis.

註三： D. Winnicott (1967). The Location of Cultural Experience. Int. J. Psychoanal., (48):368-372.

註四： Winnicott, D. W. (196) The Use of an Object. International Journal of Psychoanalysis. 50:711-716.

註五： Psychic Reality. Auchincloss, E. L. and Samberg, E. (2012). Psychoanalytic Terms and Concepts.

註六： Jacob Arlow(2018). Fantasy, Memory, and Reality Testing Psychoanal. Q., (87)(1):127-148.

（劉又銘回應王盈彬）

　　維尼克特在其論文《文化經驗的所在》（The Location of Cultural Experience, International Journal of Psycho-Analysis, 48:368-372, D.W. Winnicott, 1967），開頭的第一句話引用詩人泰戈爾的詩說：在無盡世界的海邊，孩子們在玩耍。當閱讀著泰戈爾的詩句與維尼克特的優美論文時，心智在不斷理解、感受、聯想，這種作用會否就像維尼克特形容的經驗，有如在海中游泳、海邊遊玩的經驗，維尼克特將他的經驗從他所經歷的人類內在心理世界的大海帶回，藉由文字創作變成了精神分析乃至並列爲相同於其他人類的文化遺產，而在閱讀時，心智彷彿被海浪沖刷著。我要借用這種思考的體驗來做爲想像的起點，來探討文化經驗的所在。

　　當人們在文化中前行的經驗是甚麼呢？我比擬，文化經驗像是被不知名的引力所呼喚上來的海浪，拍打著已經在人世間成型而固定爲某種形狀的心智海岸線，這種拍打彷彿在提醒著要找尋更爲深層棲息的珍

珠那般而要前進潛意識的海洋。但面對海洋時，人是害怕還是歡欣，則取決於另一種生命的經驗。

　　我的聯想是，海洋的意象功能，會否是個鄉愁的創傷屏幕，因為或許廣大的海洋令人想到的是，人在水中的經驗會失去自我控制身體的力量，如同放棄了全能自大，而在那狀態之中考驗著是否再有勇氣去做探險的遊戲。

　　因此在這裡，引用維尼克特的遊戲理論的說法來比擬文化經驗的作用（Playing: Its Theoretical Status in the Clinical Situation, D. W. Winnicott, International Journal of Psycho-Analysis, 49:591-599, 1968）：「心理治療發生於兩個遊戲範圍的交疊時，一個是病人的一個是治療師的。心理治療必定和兩個人共同一起遊戲有關。與之有關的便是，當遊戲無法進行時，治療師要做的工作的方向，是如何使病人從無法遊戲狀態轉變為可以遊戲狀態。」

　　就如同我們透過維尼考特的論文在思考，而在我們的心智領域上作畫，這可以說是精神分析的文化現

跨出去 被一束黑暗，點亮起來

象，不論是精神分析本身或是其文化現象，都在提供我們心智的畫布，讓人在自己的心智中摸索，而嘗試游向更深層未知的海洋。而這，可以比喻為在母親的身體上嬉戲的孩子。這種遊戲使我們與心理的原始起源有再相會的可能，而再次發展，這是企圖克服如創傷般失去原始狀態的失落與挫傷（impingement）的自己。於是在文化經驗中可以發生有如過渡空間（transitional space）般的遊戲，在無盡世界的海邊，孩子們在玩耍，不管其內容是優美生動的海浪或死亡威脅的海浪。

而我下一步要接著談的是有關於昇華的作用，當以受威脅的背景來思考的時候。姑且從佛洛伊德對昇華的研究聯想起，昇華是將困難實行的本能給轉移，因此而有另闢途徑實現本能滿足的可能；從本能昇華與本能滿足困難的關係來思考，可否類比於文化對於創傷的作用是甚麼呢？我的假設是，「何以本能困難實行？」這個問題會是文化所想要防禦與同時也想要突破的防線，這麼一想，文化所帶有的保護自我功能，也是服務於「抵抗迫害生存」的方式，這點類似

於王醫師提到的某些文化的作用類似於假我的功能。也的確可以見到許多文化保留下來的原因與維持生存有關，但仍卻常常見到以一種迫害自我的方式在進行文化，這部分如果以維尼克特常談到的母親與嬰兒的關係來看，會有甚麼可以詮釋的空間呢？

所以回到原始的場景：嬰兒依賴母親的現象來看。文化藝術所著重展現的自主獨立性也好，或是人與自然的關係也好，都一再重複這個人與他者的關係的主題，這一再地重演的現象，彷彿在探討著如何找尋失落的自我，與處理自我所感受到的環境的壓迫。而從母嬰關係的退行來想，是否退行雖然看似回到被母親照顧與依賴的位置，實際上或許更重要是回到一個可以重新練習分離的位置，在那裡有著曾被遺留下來的原始自己的碎片，主體在尋找這個失落的部分。同樣是在《文化經驗的所在》（1967）裡，維尼克特提到：「……我曾主張，當我們目睹嬰兒使用過渡對象、在第一次非我占有（possession）時，我們既是在目睹孩子第一次使用象徵，也是第一次玩遊戲。我對過渡現象的表述的一個重要部分是我們同意永遠

跨出去 被一束黑暗，點亮起來

不對嬰兒提出挑戰：你創造了這個客體，還是你發現它很方便地躺在身邊？事實上，客體（概念）是嬰兒與母親（或母親的一部分）結合的象徵符號。……此時有一種狀態被感覺而不是概念化的，那是母親（在嬰兒的心智中）從與嬰兒間的融合狀態，與被經驗為客體的狀態，這之間的過渡狀態。使用一個客體象徵著一種結合，那是有兩個現在已分開的東西，嬰兒和母親，在他們開始要分離狀態的起始點上，的結合。」

　　我聯想，分離與結合的反覆，是在練習要安心地創造屬於自己和母親能相離的領域。分離不安的源頭之一在於，離開你我活不下去因為你抓住我的創造力，或是離開你我帶走了某部分的你，我將你偷走而使我有罪惡感。這種創傷的記憶一再寄生於嬰兒為了存活所發展的心智組織，就像嬰兒寄生於母親（在原始狀態來說，卻是母親寄生在嬰兒體內）的狀態，期待分離，但得先學著認識彼此的存在，那是客體在場的學習，而能產生之後的客體關聯，客體使用的程序而延續發展下去。而文化經驗的創造，以借用Bion

說的Waking Dream Thought來說，那是否是「內在心智與原始自我」的狀態的再現，文化經驗是一種發生在日常生活世界的夢境？當把睡覺是Winnicott說法中的解離狀態來解讀時（Primitive Emotional Development, D. W. Winnicott, International Journal of Psycho-Analysis, 26:137-143, 1945），如此說法下可以把夢視作心智的退行功能的實施，企圖透過這個夢的功用，有著將原始自我碎片重新相遇而組織起來成為完整個體的企圖，然後這個編織出的文化，這種白日夢境可以作為新的創傷障蔽（Screen）。從起初以大海或母親作為創傷的記憶意象，作為創傷事件的寄宿客體或是紀錄者，當自己有能力編織出文化產品時，這個文化產品的誕生相當於拿回失落的我的（創造力）誕生，將我的生存概念投注在其上。或者，包括「改寫自我失落」的願望在內。

我主張，這種使用文化藝術，是與原始的再相遇與分離，這種說法來體會維尼克特說的，分離是得以再會結合的方式。原先的「原始自我與母親一體」

跨出去 被一束黑暗，點亮起來

的狀態難以相遇與分開，但透過嬰兒在編織出文化產物後，得以用這個做為遊戲的環境，繼續遊戲下去，而得以與「原始自我與母親一體」分開，但這樣的分開，是成熟的發展（mature process），具有保存了原始的功能，而讓其可以像是博物館展覽的文物，讓自己懷舊與欣賞，同時自己在現在的生活中keep going along。

第2章

都是生死交關，從小的餓得要死、冷得要死、熱得要死，這些死的心理經驗是什麼呢？

陳建佑、黃守宏

摘要

　　從精神分析史來看，從佛洛伊德以降是以歇斯底里等精神官能症的分析經驗，並嘗試想像和描繪那些經驗所累積起來的人類心理知識的寶庫。對溫尼科特來說，隨著後來的個案的不同類型，例如精神病、類分裂型（schizoid）或邊緣型（人格）等的分析治療，累積出新的想像和描繪。簡單的說法是，在後設心理學上的觀察點是，從二、三歲的伊底帕斯情結，往前推論觀察和想像，在生命不久即開始的心理經驗的想像和描繪。這是從克萊因等就開始的工作，而溫尼科特似乎把這些經驗知識，在分類上往前推論主

張，處理精神官能症的臨床工作和後設心理學的知識，當做是處理人類「健康」（health）的課題。但那不涉及什麼是生命（What is life？）的主題，他表示我們可能治癒了患者，但我們仍不知他們是如何繼續他們的人生？對溫尼科特來說，他的主張隱含的是人生的課題，不在只著重症狀和健康的課題。他的論點是從出生不久的心理經驗談起，我們介紹他對於「促進的環境」三個向度的描繪著手，「holding, handling, object-presenting」。對於生命早年的餓得要死、冷得要死、熱得要死，這些死亡心理經驗的處理過程，做為進一步想像和補充「昇華」概念不足的地方。而且這三個外在環境所提供的協助，也是值得做為我們在處理這些困難案例的技藝參考。雖然治療者的角度不全然等同於父母的角度，但是這些功能仍可能是治療者值得參考的。

本文

Winnicott的工作背景

英國精神分析師，小兒科醫師，觀察一萬多名嬰兒。

屬於文明的精神官能症

　　佛洛伊德關注的生命早期經驗在於二至三歲的孩子，如何經歷並度過著名的伊底帕斯情節，而得到超我、自我、原始我，以及外在環境的平衡關係。在「我有什麼慾望」、「我該／不該怎麼做」、「我想成為誰」等等問題之前，已經有個「我」在說話了，這是與人要如何過生活有關的事，每日在解決「To be, or not to be」字面上的問題，在真實世界的三人關係，與其所象徵的在內在世界的非黑即白之外的第三種選項裡討生活，這是心智精神官能症的部分（neurotic part）；但在這之前的日子呢？尚未有語言／足夠感官發展能文明地理解世界的嬰兒，要如何走到有個「我」來煩惱這些問題的這一天？

跨出去 被一束黑暗，點亮起來

文明之前，要如何過活？

在生命早年，原始的自我必須替身體的本能衝動找到解答，試著消除外在的刺激、或者給予這個衝動一個名字。在Winnicott的描述中，嬰兒的自我在尚未形成以前，母親可以提供以下這兩種功能：身體上的照顧，以及協助在他感受立即的本能經驗時的命名；讓那些一片片被拼起來的命名與經驗，搭起一座橋樑，從真實世界的感官經驗到內在世界的情感經驗，藉此建立整合的自我功能與客體的概念─這裡體現了母親功能，抱持（holding）的重要；在這之中母親的自我可以完全為嬰兒所用，這是生命早期最美好的幻想。促進的環境可以描述為「抱持」（holding），其中需要細膩的「處理」（handling），最後才是「客體在場」（object-presenting）的階段。

嬰孩要能發展自我，從「只有我」開始，先是發現有什麼是「非我」，再來才發現部分客體（part-objcct）的存在，隨後再往與客體分離的方向前進，

自體與客體的邊界，就此建立。要能從「只有我」的全能狀態發現有些是不屬於我能掌控的，要透過照顧者提供的促進性環境，一面觀察、一面慢慢地將這樣的真實訊息釋放給嬰孩，讓他可以承受這樣的恐懼（Winnicott, 1963）。在這種促進性的環境中，個體歷經的發展可以歸類為：整合（integrating），並在其中安頓（indwelling）、或心身合謀（psychosomatic collusion），然後與客體的關聯（object-relating）（Winnicott, 1974）。這是促進性環境可以協助嬰孩逐步整合的方式，這個過程中，嬰孩可以接觸自己的真我，去感受各種感官動作，透過它們與世界互動。

　　「在生命發展早期，促進性環境會給予嬰兒全能自大的體驗；這不只是魔法控制（magic control），全能自大包括了體驗的「創造性」的一面。對現實原則的適應是自然地來自於全能自大的體驗的，在這個領域中，也就是，來自於與主體客體的關係。……在促進性環境提供的全能的經驗裡，嬰孩能創造且再創造客體，這樣的歷程逐漸內化，並匯聚

被一束黑暗，點亮起來

成記憶的基底。」（Winnicott, 1963）

在這裡，嬰孩是在（被感知爲眞實的幻想中的）世界上作畫的藝術家，而括號裡的內容，暫時被促進性環境所隱藏；從感官到感知，從認識到記憶，這個與客體／世界的關係都是創作的內容。如此一來，從認識的起點出發，才能安穩地往未知的眞實世界走去，這個路程與其說有個向量，更像是認知的廣度與深度的拓展。

餓死了，是餓還是死？

Freud將驅力定義爲：某種刺激在心靈的再現，這個刺激是從生物體之內產生並影響思維，而這個過程所產生的刺激，在精神的再現，稱之爲驅力（drive）。Winnicott描述生命早年，是需要透過母親或照顧者營造的促進性環境，這個由她們提供輔助性的自我，來消化種種驅力，使它們成爲可以承受的，而不再是餓得「要死」、冷得「要死」的那些。若是不幸，嬰孩未能置身於促進性環境，那個站在生

命早期戰爭前線的原始自我，在未能描述這些本能與衝動的困境下，將經歷了絕大的焦慮。

　　Winnicott描述這些焦慮是精神病性的焦慮（psychotic anxiety），是「不可想像的」（unthinkable），因為這種焦慮的無法被思考，是由震驚和創傷而產生的。對Winnicott來說，原始的痛苦構成了「侵入」（impingement）。嬰兒受到太多侵入的結果是，自我感受被消滅了（sense of self is annihilated）。這是存在（being）的相反；是滅絕性的創傷，摧毀自我的核心。（Winnicott, 1963）這些衝突與感受，以及原本該被整合進入自我一部分的體驗，形同屬於自我的一部分被切割開來。在剛出生時，心智的未整合（unintegration）還沒走向整合（integration）之前，就經歷了崩解（disintegration）（Winnicott, 1963）。這一部分的自我被放逐到意識之外的荒原，留下殘缺的倖存者，以遺跡式的反應記得發生的事。

　　在精神官能症領域中有思考空間的所在，是防衛底下的閹割焦慮，而在我們現在看的更為精神病性的

現象中，被標明出來的是對於單位自體（unit self）
其創建的崩潰。自我組織了防衛，以抵抗自我組織
受到威脅後的崩潰；然而自我不能組織起來對抗環
境的失敗，因為對環境的絕對依賴就是個活生生的
事實。……我們在臨床上看到的始終是一個防衛組
織……在其下方的痛苦是不可想像的。……認為精神
病是一種崩潰是錯誤的，它是一種關係到原始痛苦
的防衛組織，它通常是成功的。……臨床上對崩潰的
恐懼是對已經經歷過的崩潰的恐懼。正是對原始痛
苦的恐懼導致了患者表現為疾病症候群的防衛組織。
（Winnicott, 1974）

前述對促進性的環境，是可以很豐富的，但這種
原始的焦慮，其無名的樣貌，卻只能透過正向的反面
來感受。

內在有個地方死去了，外在的求生也難活

王盈彬醫師在上一段落提到的被昇華包覆的假
我，一種觀察到的現象是，明明有創作的產物與能

量——從古典的角度看來，驅力是有處去的——但何以某些創作無法遠離死亡這種最終極平復驅力的方式，而非預期中，把性驅力轉而成為創作的昇華並且活下去？

在發展過程，有別於促進整合的存在（being）的相反狀態是反應（reacting），而反應會中斷存在且帶來滅絕（annihilation）。存在和滅絕是兩種選擇。因此，抱持性的環境（the holding environment）的主要功能，是將嬰兒必須對其侵入（impingements）的反應及導致個人存在的滅絕減至最低，而滅絕的發生是因為核心自我（core self）的獨立受到威脅。需要母親的自我支持來保護嬰兒的核心自我；在沒有自我支持的情況下，嬰兒被迫自己維持這種保護——也就是說，發展出精神病性的防衛（psychotic defences）。（陳瑞君譯，Winnicott, 1960,《親子關係理論》）

Green對這種滅絕有進一步的描述：「……對原始心智的徹底否定是由恐懼引起的，從而增加了精神死亡的風險。否認（denial）和過度的投射性認同

44　跨出去　被一束黑暗，點亮起來

（projective-identification）可以是同一個過程，其意味著在它們發生之後，心智空無一物。投射認同仍可能會因為心靈的清空而威脅到自己的毀滅，是不可行的，那麼另一種機制仍然存在：一個擦除（abolition）過程，一個抹去或刪除的活動，與作為審查制度的潛抑無關，而是對心智中發生的事情進行徹底的壓制。……結果是心智中出現了一個『空白洞』（blank hole）它不僅是空洞，還具有吸引與空白洞中心主題相關的所有精神內容或思想的力量。」（Green, 1998）。性驅力為了從滅絕的恐懼中保存自我，它便灌注於這種防衛中，生命早年創傷的黑洞，黑洞成為了欲望客體；意識活動的「要活」難以避免成為要「心智的原始防衛」活著的一種死。

先在死裡死過，才有「我」的生

這種死與活的內在衝突，喚起的無名恐懼有時表現為對於未來或者未知的害怕，在成年後害怕的崩潰早已在個體生命的初始發生。病人需要記得這件事，

然而卻因為過去的這件事在發生之際，病人尚未在那裡，這形同尚未發生的事，便不可能被記得。唯一記得的辦法，是病人要在此刻——亦即，在移情中——第一次經驗這件過去的事。這過去與未來的事便成了此時此刻的課題，得以被病人初次體驗；而病人為了尋找未能經驗的過去，他只能透過從未來或者現在來尋找這個過去的細節（Winnicott,1974）。

　　精神病性的防衛，猶如一種無言的需求：在這防衛庇護所之外的世界，仍然充滿難以理解、無法思考因此無法記得的部分；而這在外在客體看來，則像是難以動搖的死意，說什麼都沒用、做什麼也沒用，彷彿有個難以連上文明部分的心智，古典精神分析給予詮釋的方式很容易成為侵入，只能如等待種子發芽時，維持陽光、通風與水分般維持治療關係的安穩，這是抱持（holding）。

　　分析師Alvarez在治療中對於生命力的構建的想法，提到那些需要精神分析師喚醒他們的個案，他們可能會「被喚醒，因為他們處於人類世界之外的意識，（因此）被喚醒，意識到自身的存在」，她的

開墾（reclamation）概念是指需要接觸處於退縮或未描繪（undrawn）狀態的個案。她認為，開墾是對無生命（lifelessness）狀態的一種回應，在這種狀態下，重要的是需要採取行動來促進連結和開墾自我（reclam self）。在分析關係中，出現的反移情，緊迫的刺激下，分析師可能會透過積極的聯結個案，來回應治療關係中的死亡經驗；治療師在這些時刻的動作創造了一些新的東西，在相互交流著生命、好奇心和興趣。（陳瑞君譯，Alvarez, A., 1997, Projective Identification as a Communication: Its Grammar in Borderline Psychotic Children. Psychoanalytic Dialogues 7:753-768。）這如同種子萌芽、植入土壤前的鬆土與施肥，按照不同生長階段選擇適當的肥料、混入合適的排水介質並調整日照時間與濕度，如同在個案早已發生的死亡經驗中，先以治療師的自我，調整合適的回應與其可能引發的情緒經驗，這像處理（handling）。

在抱持與處理的作用下，各種原始的身體感官不再無名地可怕，可以感覺餓、感覺冷，甚至感覺「要

死了」，外在世界與內在驅力的連結可以被記得，同時自我也有能力發現更多的事，也就是自己是在接受客體的幫助下，能夠在存在中，對這些純粹的身體機能的個人經驗，開始有了想像的闡述能力（Winnicott, 1962）。這是客體在場（object-presenting）然後進入客體關聯到客體使用的複雜歷程。

參考資料

Winnicott, D. W. (1974). Fear of Breakdown. Int. Rev. Psycho-Anal., (1): 103-107.

Winnicott, D. W. (1962). Ego Integration in Child Development.

Winnicott, D. W. (1963). Communicating and not communicating leading to a discovery of certain opposites. In: D. W. Winnicott, The Maturational Processes and the Facilitating Environment. New York: International Universities Press, 1965, pp. 179-192.

Winnicott, D. W. (1969) The Use of an Object. Int. J. Psychoanal., (50):711-716.

Green, A. (1998). The Primordial Mind and the Work of the Negative. Int. J. Psycho-Anal., 79:649-665.

第3章

活著的，都沒眞的身體死過，死亡經驗如何影響心碎裡個體的連續性？

黃守宏、陳瑞君

摘要

　　除了上篇從「外在環境」的角度，描繪「外在客體」能做的可能是什麼？本文將從嬰兒在這過程的心理感受，做爲思索「昇華」概念在未來如果得以有效用，可能需要什麼內在心理過程做爲基礎？我們以溫尼科特的「intergrating, indwelling, object-relating」，來做爲描繪昇華得以會讓self在有著信任的基礎上，有信心覺得人生有意義的重要過程，而不只是以成功的創作品做前提，來說昇華是否成功。我們思索的是，何以成功的創作，卻也可能是以最後的傷害自己，好像這也是成功的一部分，做爲成功的

結束方式呢？何以不是享受這些創作的成果，而是覺得創作只是一種讓自己走向末路的過程？或者是助力把自己推往死路呢？但鑑於「昇華」這字眼的窮困，無法如預期的讓我們看見更多的可能性，彷彿只是老化的字眼如老花眼般了，如何來活化昇華這字眼，讓它可以再讓我們開眼界，理解某些本性的困局？那麼在生命早年的創傷，而無法整合心身安頓，帶來的「存有的連續性」的困難，而成為破碎的心理經驗，使得從object-presenting到object-relating，透過前述過程有著和客體有所牽連的欲望？而不是如一般所說的，切斷關係似的孤獨，而是有著客體存在心中的孤獨能力，這是創意的起點，如同創作的孤獨過程裡，是有著ego-relating, id-relationship的基礎？或是ruthless love所展現的激情的粗魯且無情，影響後來粗魯的對待自己和他人，在內心裡是想著自己死了，對方也會跟著受苦，這是ruthless love，是很激情的愛卻是粗魯的相互對待。

本文

　此次報告主要是整理溫尼考特（Winnicott）對於存有（being）的一些理論概念，會從三部分來看：存有、存有的連續性、連續性的斷裂。

個體的存有

　存在或存有是什麼？這件事情是困難回答的，今天我想從這裡出發，來看看生命早年的經驗是怎麼形成或影響存有的連續性；一般而言，這件事情會被存在的主體忽略或視之為理所當然，如同海德格「存有與時間」中所提及的存有永恆地處於退隱的狀態，使得知性無法觸及；當我們察知存有時，代表的是存有此時動態的展現，並非要探討哲學論辯，而是要邀請大家一起來想想這恆常被忽略的存有，及思考當中的連續性，海德格也提及對存有的知覺是前概念的、不可被命題的、前科學的，如此的形容晦澀難懂，但如果我們將之對比於生命早期的過程，就也不難想像是

如何的無以名之。

　　今天主要是以溫尼考特的理論作爲出發點來思考，溫尼考特把對存有的知覺描述爲重力的中心（center of gravity），發生在生命的前幾週，此時嬰兒處在完全依賴的狀態，重要的是需要一個全心貫注的媽媽，這是溫尼考特一直強調的促進性環境，他也由此把存有和存在主義中的存在作了區隔，「存在」不等同於「我在」，人類的起始是伴隨著另一個人（就是母親），沒有另一個人就無法從存在變成我在，由此可看出，溫尼考特強調的是早期的母嬰關係，在生命剛開始時，母嬰是一體，也可視爲一個個體和環境的設置，因此存有的開始並非個人的，而是要有個夠好的母親提供照顧及護持。

　　溫尼考特認爲存有是屬於真我及遺傳潛能的，透過存有的經驗可以發展出創意生活及遊戲的能力，這是整合的面向，夠好的護持可以讓存有發展成一個實體用以放置身體並能夠創造外在世界，這改變了精神分析的理論甚至是技術面，或許我們可以把它視作佛洛伊德的理論是在已經存有的基礎上去探討，而溫

  **跨出去** 被一束黑暗，點亮起來

尼考特則將我們的視野及焦點放到更潛在基本的議題上。

溫尼考特早期把存有指涉為一個未整合的狀態，而且也不需要整合，因為沒有需求，是一種放鬆的狀態，想當然爾，這需要母親的懷抱，這種能夠未整合及放鬆狀態在成人時反而是整合及成熟的徵象，如果保護得夠好，真我就可以以自己的速度得到個人的心理現實及身體組合，這個過程和隔絕狀態（isolation）有絕對關係，溫尼考特將此認為是真我中健康的特色，也認可為單純的不溝通，若放到治療中是尊重個案不溝通的需求；存有形成一個自我發現及存在感的基礎，然後內在能力發展形成一個容器，並有能力使用投射及內射，和世界連結。

存有的連續性

存有是基本，身心都在其中，連續性是重要的特質，具體地想像昨天的我是否是今天的我、面對不同人時會有不同的反應，這樣的我也是同一個嗎？這

包含了縱向及橫向的連續性，縱向的可以視爲是生活的累積，是身分的認同，主體生活的軌跡；而橫向的連續性我們可以想像成存在的一致性；溫尼考特主張在生命早期會有很多焦慮，夠好的護持可以去中和掉外在的迫害，避免去整合的感受及精神—身體（psyche-soma）的斷裂，（精神—現實的連續性面向），夠好的環境會影響嬰兒存有的連續性，藉由媽媽的照顧，嬰兒能夠有個人的存在，並建立起存有的連續性，而個人遺傳的潛能則可以在連續性上的基礎發展，相對應的是，如果這個基礎不好，人格就會發展成對環境的反應，溫尼考特將之連結至眞我、假我的理論中；站在發展的角度來看，嬰兒有一個連續性的發展是從自體性客體（subjective object）出發，客體就是自體的狀態，再朝向個體性自體（objective subject），也就是從有身分認同出現的自體概念及眞實感，重要的是自體必須從存有的基礎上發展出來。

跨出去　被一束黑暗，點亮起來

連續性的斷裂

　　連續性是否是完美無缺的，答案是否定的，大多隱微的不連續是無法被主體察覺的，就如同存有會一直處於退隱狀態一樣；據上所述嬰兒發展階段環境的護持十分重要，早期發展階段對真我隔絕狀態的威脅，都會導致很高焦慮，這可能是來自於媽媽未能成功抵擋侵擾的結果；嬰孩受到的侵擾有外在來自於環境的，也有來自於內在的驅力，如果個案沒有足夠的機會只是存在，不受侵擾，那其後的人生情緒特質可能不會太好，會覺得空洞，更嚴重的型式則會因為對環境的反應會中斷存有，而且滅絕，這種只能對環境反應包含了創傷及原初痛苦，一直向下墜落，無法區分內外，我及非我，這是精神病性的狀態。

　　這是相對嚴重的型式，而較輕微的斷裂會以不同的現象展現，在我的想像中，可能是莫名的情緒低落、焦慮，對於某些顯而易見現實的不理解，或是雙標。溫尼考特曾說道精神病理起源自連續性的中斷，對於等待母親太久的嬰兒來說（X+Y+Z分鐘），唯一

眞正的差距是死亡或消失或失憶，我想在這裡溫尼考特是用連續性來看待臨床現象，斷裂的狀況可以導致不同的臨床表現。

回到文章主題，當遇到內外在侵擾時，護持又不足狀況下，自我無法組織防衛而導致嚴重的斷裂，在溫尼考特對崩潰的恐懼一文中指出可能會呈現以死亡、空虛、不存在等等的主題，這些都是已經發生的，但是發生時，主體不在那裡，無法經驗，也因此無法形成記憶，但如果可以有有利的情況下，可以是精神分析，在移情的關係中，能夠有機會第一次去經驗，才能開始存有，把連續性的斷裂填補起來。

連結到邊緣型人格，當然也可以用存有的連續性來看，一直追逐著被愛、被關注、被認同，想要藉由外來的力量去填補，反覆自傷來消弭空虛及沒有存在感覺，那樣活著卻不是活著的主體，再再顯現著自我連續性的斷裂，但相信大家都有經驗，在邊緣性人格的治療中，絕不是提供良好護持環境得到修復的浪漫情節，而是上演著煙硝四起的戰爭，溫尼考特特別強調治療師得活著，因爲在連結起存有時，不是闃靜無聲的。

第4章

從Winnicott & Carl Jung，談個體和群體連續性裡，承載生死文化經驗的心理所在？

蔡榮裕、王明智

摘要

　　我們從Winnicott在《文化經驗的所在》一文，和他談論榮格（Carl Jung）自傳的想法，對於生命原始經驗的精緻描繪，是值得精神分析者閱讀的，我們從ego-related是like，不是很興奮的那種，而id-relationship是love，是激情的，思索是否創造時愈激情是愈貼切love，愈是接近原始的和母親客體的經驗？如果是，創傷意味著是愈困難的處理，不能只靠昇華作用，而且不是只靠詮釋，就能改變或達到昇華的效果？或者「昇華」的定義原本只涉及心理健康層次，但和生命的生死是無涉的嗎？以這個說法來看，

創作者在創作過程和作品的關係，不是只看作品的完成，這是涉及ego的能力，若高能力也許就能完成某種程度創意的作品，但真正涉及的self的課題，決定著一個人決定自己是否有價值，是否生命活的有意義，是否覺得有幸福感。昇華是ego的防衛功能，它的運作後是高潮嗎，或者只是沈默的工作著？昇華的心理工作能讓self開始騎自己的本能嗎？或者仍只是讓self成為被本能所騎？不過這也得看ego的能耐，是否昇華意味著需要是有著這種孤獨能力做基礎，是在有著客體在場的孤獨所產生的能力做基礎，讓昇華的作用可以發生？那麼昇華到底是怎麼作用的呢？和創意或創造力的關係是什麼？創意和創造力位在心理的哪裡呢？是那些相互聯繫結盟後的結果，它們的結盟有著什麼一般說的文化做基礎嗎？

本文

要談論起初所寫的摘要時，卻發覺更需要有其它的說明，才會讓那些說法和疑問，有著人生和臨床的

跨出去 被一束黑暗，點亮起來

基礎，而這些都是有歷史感，包括精神分析史或心理治療史裡的某些基礎。因此我就先談些其它的，至於摘要的內容，我再放於最後做為未來進一步論述的起點。

我們這場工作坊，不是只是談概念上的「昇華」是怎麼回事？它有著什麼不足，或者它需要什麼華麗的變身，或者需要再創造新舞台，讓它可以因舞台背景的不同，然後就算演著古老的語彙，仍可以產生不同的感動和重新思考一些事？我們的目的是在於，能夠讓我們和各位可以再來重新思索，一些常見的事，雖有著以精神分析概念為名，但是不可否認的是，精神分析是早就邊緣化或被邊緣化，但我們無意只是說，是其他人對精神分析有阻抗，只因精神分析說的內容太讓人的自戀受挫了。這說法有些老調了，且無助於和他人溝通，愈堅持這來自佛洛伊德的說法，只顯示我們真的老得無法再有新意，來說明人和人性是什麼了。

因此精神分析不再如以前那般，讓大家一起來思索前述的，大眾對精神分析的阻抗，是來自佛洛伊德

時代就存在的說法，是有它的背景，但是精神分析發展一百多年了，我們的主張如果仍是維持這種古老論點，並依據做爲精神分析概念發展的背景，我們覺得是可惜的。畢竟如果我們在臨床經驗和理論思索裡，得到的有趣或有創意的想法，是很想跟大家分享，並可以一起來思索的，我相信這也是佛洛伊德當初書寫《日常生活的精神病理學》（Psychopathology of Everyday Life, 1901）抱持的想法之一吧。不會只是用術語把日常分析一番，說我們了解你了，然後其它的就是你自己的事了。如果你不了解或不願了解，那就是你的阻抗。我們希望不再如此無創意的立場，因此我們先選定「昇華」和作家這個困難的課題，嘗試以不同於以往聽到的論點來說明，希望可以讓大家了解精神分析一直活著，而它一直活著是因有後續的想法，如流動的水，在精神分析的場域裡。

從我們在準備這場工作坊時，平時的討論裡，就對於佛洛伊德的性學理論有了一番討論，不過先不再重複只在「性不性」裡說明，而是先跳出來流浪一下，看看是否有著其它的經驗後，再帶回來精神分析

跨出去 被一束黑暗，點亮起來

的理論和臨床現場，來看會是什麼的風景？由於時間有限，加上朋友們在前三場的說法裡，已經濃縮了不少想法，而且我相信這些想法都是有新創意的論點，因此我在最後就是說明總體想法，來看看是否能讓前頭的三篇文章裡，想法裡所隱含的未來想像彰顯出來。因為這只是我們合作的起點，至少是可以讓各位前輩和後進們知道，我們想要努力的是什麼？因此我再回頭說明這些，至於我自己的主題裡涉及的文化經驗的所在、榮格（Carl Jung）個體和群體、以及生與死的主題，都是很大的命題，意味著今天的說明不是結論，而是我們先來跟各位報告，我們的未來方向，也盼望大家一起來想像。

　　我嘗試說明一下，要談論「昇華」的主題，是跟臨床和日常的疑惑有關，何以一些有創意且有成果的創作者，最後仍是有的走向自我了斷的路呢？我相信原因是眾多的，因此要歸納出臨床有效有意義的做法仍是有距離的，不過這不妨礙我們繼續思索心理學的想像空間。今天我只在此說明，何以會選這幾樣想法在這裡交會，我的內在思索的交會，以及在這裡和各

位聽衆朋友們的交會。

　　從溫尼科特的《文化經驗的所在》做概念平台，是因爲他在精神分析的文獻裡，具有重要的意義。這篇文章被收到他的書《Playing and Reality》裡，意味著他是從「玩」這件事起家，但是也想要把「玩」這件事，再拓展至更大的beyond（在……之外）的論點。例如，在個體之外、在家庭之外的群體和社會等，畢竟這就是一般人生活的軌跡。但是從精神分析文獻看得到的，如果堅持只從內在心理世界，或內在客體關係來看事情時，是假設外在環境，包括文化，都是內在世界的產物。這個說法仍是重要的選項，也是不少精神分析家的選擇，不過也帶來了難題。當佛洛伊德說「自我」（ego）不是自己房子裡的主人，它只是個僕人，它有三個主人「原我」、「超我」和「外在現實」時，有趣的是外在現實的論述並不多，何以我們竟對外在現實這主人的研究探索並不多？這樣的缺少讓精神分析得到什麼，或失去了什麼呢？或者是和精神分析在1960、70年代後的沒落有關嗎？

　　很難有答案，若有也是簡便的，不過我們是想要

跨出去　被一束黑暗，點亮起來

來假設是有關，因此再來了解這會是怎麼回事？但是嚴謹起見，我們還是從已有的出發。因此我們找到了溫尼科特的《文化經驗的所在》做為出發基地，佛洛伊德曾經表示，從伊底帕斯情結時期內化了父母的超我，而父母是文化的承載者，因此文化的載體是從超我轉進到下一代，這說法有些簡略，不過佛洛伊德的相關說法，相對於其它的論點，這是有限的，加上我們也想要在佛洛伊德之外，加找其他人物來上台，讓精神分析的舞台可以更豐富。

溫尼科特在《文化經驗的所在》裡，是承繼他對於「過渡客體」和「過渡空間」的發現後，對於它的延伸功能的假設，以這做為外在環境裡的文化，是如何藉由在「玩」的過程裡所出現的心理工作，就在承納外來者，如玩具或文化現象，成為自己的一部分。直接的說法是，如果我們從這概念平台出發，那就需要說明何以我們不是從性學角度出發？我個人仍相信，性學理論，尤其是佛洛伊德的「嬰孩期的性學」sexuality（infantile），是個有意義的概念載體，只是如同古老物件或概念，在當代的出現需要來重新

佈展它，我們需要從當代的課題和想法出發。

　　例如，對於創作的功能，想必大家早就有「昇華」這個概念了，可以用來說明不少日常生活事件，而它是有著以性學做基地而出發再變裝的意涵。或者它的變裝是多樣多形的，我們很難一眼就看穿它們背後就是有著「嬰孩期的性」在支撐，當然也可以毫不猶疑的說，就是有著「嬰孩期的性」，不過這在日常生活和臨床實作過程的說明，早就是疲乏了，不再是如早年那麼新鮮刺激，而讓人反感或者好奇，反而可能遭遇到的冷漠：你又來了。但是我們不想只是重複的再引經據典，來說明或說服他人接受，時間之流早就告訴我們這個冷酷的事實，大家會只是再度冷漠對待。但是我們不想因此而說，是大家阻抗，好像有人不跟我們玩，我們就說是你們阻抗，不知我家有好東西，而需要先停下來這個已經不再有創意的遊戲了。因此我們引進其它論點，來看看是否能更貼近當代的臨床和日常？

　　最主要的原因是，在克萊因之後，溫尼科特和比昂等人，已經把對於嬰孩期的經驗，從三四歲的伊

底帕斯情結（連結的是歇斯底里等精神官能症）的觀察，往前推進到佛洛伊德說的「原始性」、「原初性」（primary, primal）的領域了。這是佛洛伊德相對少探索的領域，雖然在對達文西的片斷記憶的探索，或者原始部落的父親擁有所有女人，而遭來兒子們的殺害，來重新分配女人等大膽且新穎論點。不過這些說法，在目前看來也是招式有些老化了，需要再來新的創意，而溫尼科特的發展雖是上世紀六十年代，已是有至今仍貼切的臨床描繪，不過在大眾和專業者之間的理解，仍還有很大的空間值得來發展。

　　往「前伊底帕斯情結」推進，也就是所謂「原始自戀」，或原始的、原初的心理領域邁進，那是嬰孩時語言尚缺乏的年代，大都是以身體經驗（或所謂的體驗）留存下來的記憶。原始自戀若有創傷，那疤痕是如同缺乏文字的紀念碑，或者如同身體某處的疤依然影響著身體的活動，卻不曾自覺，好像那就是如此原始自然的存在。但我們有了這些好像從遠方來的訊息，我們就準備出發，往那些原始的、原初的「前伊底帕斯時期」出發了。

其實這個想法是早就反映著，臨床實作時對於自戀型、邊緣型或類分裂型個案群，或者是比昂《在區分人格裡的非精神病性和精神病性》（Differentiation of the Psychotic from the Non-Psychotic Personalities, 1957）裡呈現的，兩者都是人格的內容，畢竟人都是從小開始長大，勢必是經歷過各式心理的爭戰，也留下各式疤痕，有著很多缺乏文字的紀念碑，就算再重逢也難以真的知道，當年是發生了什麼心理戰役了。但是這些無語的紀念碑既然被發現了，我們就想要有更多的探索、想像和建構（construction），如同佛洛伊德在1937年文獻《在分析裡的建構》（Construction in Analysis），以考古學家和精神分析家，描繪古老心理跡象的探索和建構，而精神分析家有著好處，是可以在個案的問題、症狀、人際難題，尤其是在診療室裡重複出現的「移情」，而讓我們有機會觀察那些古老傷痕的可能樣貌。

　　那麼讓我們來一起想想，在那些如同自然般的處境裡，所留下的無字或無語的疤痕，人在後來會如何

處理它們呢？後來的文學和影像創作，能回到什麼地方呢？當某些人有著，我們至今還未全然了解的內外在因緣，而走向以創作爲人生方向，或者可以說大部分人是在日常生活裡，實踐著創造過著自己的人生，這部分是有著一般說的「自我療癒」的功能，但是這麼說時，其實還是得想一下，我們是否將各式的創作者們，當做是有著什麼病，或是有著什麼人格議題，所以會需要做一些創作來療癒自己？

我是主張不要把診療室外的人事物，當做如同診療室裡的病人那般做論述的起點，畢竟這些人事物不是如考古學的碎片那般古老，但是同樣的那些創作成品或作品裡的人事物或作者，並不會如診療室那般有著對治療者的「移情」，可以做爲我們前後參閱比對的基礎，而創作者甚至可能還在世，只以現有的症狀或人格議題做論述的起點，這會是精神分析更讓人不快的存在，我們沒有理由和立場如此冒犯他人。

不是以這些人格診斷來簡化難題，而這種情況要讓我們只靠著「昇華」來說明，有人何以依靠創作而快樂人生，有人是成功的創作者卻可能是人生的失

敗者，甚至以自絕來結束人生？這會是謎。因爲要眞的理解這點，我們就要知道，由診療室經驗所得到的理論知識，是有著前述的侷限性，但是並非我們就不能嘗試想像和建構，人們如何有創意的解決了人生困局？在日常生活和藝術、文學、電影等創作者，所附帶產生的療癒作用，如同一般常聽到的，看了什麼，聽了什麼時，會覺得「好有療癒喔」，以前常會以那不是診療室般具有的痊癒功能，而會多多少少輕忽，那不是接受專業心理工作者的協助，而覺得的療癒是不完備的，不夠深刻的。

　　不過，做了多年的心理治療的工作，體會到的是更多的難題，很多原本預期的心理治療專業的協助，所期待的目標，其實是不易的，也深刻覺得在離開診療室後，個案內心的心理工作如果仍是持續的，這才是帶來改變的重要基礎，雖然那可能是不自覺的，或者是意識上的努力。但是如何稱呼這種離開診療室後，大部分個案有的心理工作？在精神分析叫做「自我分析」（self-analysis），只是我們也常以那會有侷限，而相對的不是那麼深入研究，這些心理工作是

跨出去 被一束黑暗，點亮起來

指什麼，是和在診療室裡一樣嗎？或者是另有著不同的心理工作的機制、架構和不同元素，而需要我們再重新探索這件事？回頭來看，我們可能以「昇華」或「自我分析」或「自我療癒」，來稱呼這些會談和會談之間，所發生的心理工作和心理事件，但是如果只把這當做是診療室工作的延伸，是否反而會誤解或者讓我們盲目，而不是再重新探索這種心理工作？或者這需要有別於診療室工作的，不同探索方式和工具呢？

這些想法是我和朋友們，在《山風頻道》再度閱讀和討論，溫尼科特談論榮格自傳的文章（Winnicott, 1964, Memories, Dreams, Reflections: By C. G. Jung.）時，我們有了新的發現和想法，我直接引述溫尼科特的說法，一來是溫尼科特主張，榮格和佛洛伊德的無法相互了解而分離的緣由之一，是榮格所經歷的經驗，並不是佛洛伊德的論點可以了解，而以下文中說的半世紀後，才有理論可以了解，榮格在自傳裡生動描繪的，兒時那些很原始的經驗，接近所謂的「精神病式的恐懼」

（psychotic fears，依比昂的論點或許就是任何人的人格裡的一部分。），是在溫尼科特和比昂的理論裡，或說是克萊因之後，開展出來的新視野。

「讓我們談談佛洛伊德和榮格之間的關係；他們必須見面，但佛洛伊德不可能去找榮格進行分析，因為佛洛伊德發明了精神分析，而且佛洛伊德需要先把精神錯亂（insanity）的領域置於一旁，以便他將科學原理應用於人性研究（human nature）方面可以有所進展，而榮格不可能從佛洛伊德那裡得到個人分析，事實上佛洛伊德也不可能分析榮格，因為如果有這場分析的進行它所涉及的各方面精神分析理論，是直到現在，離那時已半個世紀後了，才開始浮現並被當做是精神分析後設心理學（metapsychology）發展的一部分。也就是說，這兩個人，各自被一種魔神附體，只能在沒有基本了解的情況下相遇、交流，然後分開。相遇和分離的方式很有趣，但並不是那麼重要。」

「對於那些具有健康完整單位人格的人來說，要去同理那些給他們帶來麻煩的分裂的自我是非常困難

的。榮格在這方面提供了幫助，有些精神分析學家讓我們注意到所謂古典精神分析技術不適用於精神分裂症的治療。」

「我相信，榮格的生命已經顯示，精神病不僅會給人帶來很多麻煩，而且還可能推動這個人取得非凡的成就。當然，他對全人類共有的問題提出了一道亮光，只要有共同的防衛措施來應對那些無法忍受的或可能被稱為精神病式恐懼（psychotic fears）的束西。」

以下這段是用來說明，我這篇文章想要呈現的一個方向，也就是如溫尼科特對於榮格經歷大家都會有的「精神病式的恐懼」（也許接近克萊因說的paranoid-schizoid position的經驗），但大多數人後來可以健康過日子，意味著人曾經經歷著，無與倫比的「自我痊癒」的心理工作，而因榮格在自傳裡的精細描繪，讓我們後人可以做為想像，人在那時的心理經驗的起點。

「最終，在自傳的艱鉅工作中，記起嬰兒和童年的重要細節，是最接近可能自我治癒（self-cure）

兒童期精神分裂症。在這裡，真我不再是祕密，而假我起初具有重大價值，因為它使榮格能夠在世上過著「正常」生活，但後來就變得相對無用了。」

跨出去 被一束黑暗，點亮起來

（附錄一）（這是在文章形成前原本的摘要）

　　我們從Winnicott在《文化經驗的所在》一文，和他談論榮格（Carl Jung）自傳的想法，對於生命原始經驗的精緻描繪，是值得精神分析者閱讀的，我們從ego-related是like，不是很興奮的那種，而id-relationship是love，是激情的，思索是否創造時愈激情是愈貼切love，愈是接近原始的和母親客體的經驗？如果是，創傷意味著是愈困難的處理，不能只靠昇華作用，而且不是只靠詮釋，就能改變或達到昇華的效果？或者「昇華」的定義原本只涉及心理健康層次，但和生命的生死是無涉的嗎？以這個說法來看，創作者在創作過程和作品的關係，不是只看作品的完成，這是涉及ego的能力，若高能力也許就能完成某種程度創意的作品，但真正涉及的self的課題，決定著一個人決定自己是否有價值，是否生命活的有意義，是否覺得有幸福感。昇華是ego的防衛功能，它的運作後是高潮嗎，或者只是沉默的工作著？昇華的心理工作能讓self開始騎自己的本能嗎？或者仍只是

讓self成為被本能所騎？不過這也得看ego的能耐，是否昇華意味著需要是有著這種孤獨能力做基礎，是在有著客體在場的孤獨所產生的能力做基礎，讓昇華的作用可以發生？那麼昇華到底是怎麼作用的呢？和創意或創造力的關係是什麼？創意和創造力位在心理的哪裡呢？是那些相互聯繫結盟後的結果，它們的結盟有著什麼一般說的文化做基礎嗎？（完）

跨出去 被一束黑暗，點亮起來

（附錄二）2022.11.05-06《臺灣精神醫學會》第61
週年年會暨學術研討會

地點：高雄醫學大學國際學術研究大樓
時間：13:30-15:00（2022.11.06）

精神官能症是精神健康課題，但邊緣型等是life
如何alive的人性本質？：引介D. W. Winnicott精神
分析視野重新想像生死大事
主持人：劉佳昌醫師、蔡榮裕醫師

1.王盈彬醫師、劉又銘醫師
生死大事裡「昇華」概念的窮困，還有什麼承
載生死存亡和心身安頓的心理概念？
2.陳建佑醫師、黃守宏醫師
都是生死交關，從小的餓得要死、冷得要死、
熱得要死，這些死的心理經驗是什麼呢？
3.黃守宏醫師、陳瑞君心理師
活著的，都沒真的身體死過，死亡經驗如何

影響心碎裡個體的連續性（continuity of being）？

4.蔡榮裕醫師、王明智心理師

從Winnicott & Carl Jung，談個體和群體連續性裡，承載生死文化經驗的心理所在？

Winnicott在《文化經驗的所在》裡談及，精神官能症的處理是屬於「健康」的課題，而邊緣型或類分裂型（schizoid），則是屬於「什麼是生命？」，「人如何生活？」的課題。從DSM的角度來看，一是屬於第一軸的症狀，另一是屬於第二軸的人格課題。對於人格的課題，是古典精神分析較少著墨的心理領域，通常目前被歸類為邊緣型等人格課題，是克萊因（Klein）、比昂（Bion）、溫尼科特（Winnicott）等更深入探索的主題。不過我們在這工作坊裡，則是更進一步想要思索一個臨床難題，何以有些成就不錯的創作者，有了成功的創作，但卻仍難以讓他們從成就裡，不再往傷害自己的路途走去？顯然的，精神分析強調的「昇華」是不足以說明，這

些涉及心理原始（primary, primitive, primal）領域的現象。我們引介溫尼科特的論點，進一步探索這個困局，雖然離真正了解和解決困局仍有長路，不過這是嘗試，讓精神分析的經驗和想法，可以和社會難題一起思考的方式。創作過程也是重要的是，可以有著不少昇華的功能，如同有不同程度的，大家口語的「好療癒」的現象，至於和嚴格定義的「痊癒」（cure）之間的距離也是值得探索的。我們不是要貶低創作的功效，而只獨尊分析治療的效能，不是要變成這種論述，而是假設創作如果有療效，那會是如何產生的？如何達成那過程？以及它的侷限是什麼？如何了解它侷限的原因呢？讓優點和侷限並列思考。

第5章

對原始苦痛的想像及處理時的相關技藝，精神分析取向的治療在當代的演進是什麼？需要從自我療癒學習什麼呢？

蔡榮裕

摘要

　　如同各位朋友們所觀察到的，精神分析取向的做法，的確是不再如1960年代前那般受歡迎。它在精神醫學的影響力，也的確跟不上生物基因和精神藥理學的相關論述，不過在這裡不是要來懷念當年的情境，而是想要跟各位介紹一下，我經驗裡的精神分析的走向。大家都熟知的佛洛伊德的性學和伊底帕斯情結等論點，在臨床上至今仍被主張有它的有效性，這是指針對精神官能症裡的某些個案。雖然大家也早都知道，並不是如我們自己宣稱的那麼有用，而這是涉

及了症狀上從著重焦慮移到憂鬱，以及臨床上常見的都是混合著人格障礙或失落匱乏所帶來的問題。也就是後來的廣義的客體關係理論者，如溫尼科特等人的論點，這些論點是聚焦在伊底帕斯情結之前，生命更早期的經驗，不再只是以父母這種完整客體的概念來觀察了，而是部分客體或部分特質的心理碎片式的內容。其實，這些演變對於治療的技術所帶來的變化，是遠超我們目前了解的佛洛伊德的說法了。本文將以一個案例片斷來說明，讓各位能了解精神分析取向治療的進展與變化，也讓各位了解從古典理論，到近代的客體關係理論裡，所隱含的當代性和未來性可能是什麼？

當聚焦在失落、憂鬱，以及邊緣型或自戀型的人格課題時，涉及的是技術是否仍只著重在詮釋，或只針對移情做詮釋嗎？這是佛洛伊德未深入探索的領域，如果這是不容易的事，需要其它的前驅準備，才可能讓個案真的了解和體會，那些生命早年原始的苦痛。那麼要先做些什麼，來讓後來的詮釋可以發揮功能呢？而這可能有些漫長，在這過程我們需要如何自

處呢？另也涉及自我療癒的概念在診療室外如何發揮功能，我們的了解有多少呢？我們能夠從其中學到什麼嗎？

本文

很高興和不同取向的朋友們，一起來談談我們所共同關切的課題，有些什麼樣的想法。有很多疑問至今仍是沒有特定的答案，只因人性太複雜，或者是一般常說的人心難測。

今天在這裡談論一些想法，不是代表精神分析，只是代表自己在精神分析的多年摸索，但也對精神醫學抱持著認同的雙重身分，而且是很認輸的心情，不再是覺得有需要精神分析恢復如四五十年前的榮光，這無妨也不會妨礙，我覺得對精神分析取向有著某些信心和自信，但不是比輸贏。

不論任何治療型式，都有著移情和反移情的課題，值得大家觀察和探索，不然無法較完整說明，何以一位教授和實習生說著相同內容的意見時，大家會

被一束黑暗，點亮起來

傾向聽教授的意見，不只是社會位置，而是也有著潛在的移情和反移情的牽動。這是以「suggestion」做核心技藝，（催眠式的）暗示和（認知的）建議，在心理治療史漫漫長河裡，可以看得見的現象。

　　我今天是針對臨床常見的，可能以憂鬱共病其它焦慮，或更常是有著難以和我們建立關係，或者讓我們如同洗三溫暖般的個案群，到底我們會如何說，他們是什麼樣的人？我不認為各位會不知我說什麼，例如這些困難常是被稱為邊緣型，不過就算我們很謹慎想要區分，眼前這位個案到底只有邊緣型人格特徵，或常常覺得他還有些自戀，或者有時也是自信過頭時，也可以感受到他好像是在避開些什麼受苦，而讓那心理領域，如類分裂（schizoid）般遠離著人？臨床上就是這樣拼貼的場景。

　　「憂鬱」何以如此晚近才被著重？台灣也如此，雖大家可能覺得是自殺課題來引起注意，但我覺得這有著歷史的重要意涵，因為它是難題，有著難以被接觸的經驗。以佛洛伊德為例，他是在父親過世後開始自我分析，而有《夢的解析》的出版。他甚至仕努

力精神分析多年後，在一篇重要文章《克制、症狀和焦慮》（Inhibitions, Symptoms and Anxiety, 1926），它的附錄C標題是「焦慮、苦痛與哀悼」（Anxiety, Pain and Mourning）的四頁文字，說明自己對於失落和苦痛的研究是少的，也就是對於憂鬱是相對少研究。

雖然佛洛伊德有一篇是重要經典《哀悼與憂鬱》（Mourning and Melancholia, 1917），描繪正常哀悼和失落憂鬱之間的區分，他的說明，例如自卑，其實仍影響著我們的臨床思索和想像。不過我必須說，這離我們對於失落和憂鬱，以及它所隱含和承受的痛苦，仍是所知有限，使得我們對於這種痛苦的能量，會如何轉換成傷害自己，或藉著傷害自己來傷害他人，要讓對方在他走後痛苦一輩子的心理假設，是個很難理解的課題。

或者在某些特殊性格者，以輕割自己私密的部分，以見血做為解除痛苦，和覺得自己是活著的方式。這些是如此的不合理，不可思議，卻也反映著原本以「精神官能症」為主軸，大致是在尚可理解的想

跨出去　被一束黑暗，點亮起來

法和做法為基礎的症狀，雖然這種看以合理，其實也不必然就是真的了解，畢竟症狀仍會存在。不過如果往前來推想，那些特殊人格者所呈現不可思議的現象，給我們的印象是很原始，自戀，甚至帶有精神病性（不是指思覺失調症），那是生命早年經驗的殘跡，如同現代人有著古代人，或其它物種的殘跡般。

當佛洛伊德說，某些時候，詮釋個案的某些衝突矛盾時，其實就像是給肚子餓的人一份菜單。這是很有趣的比喻，很精準的預測了佛洛伊德心中真正想的是，他面對的個案的問題，更在於是失落如空洞，如暗天暗地，如肚子餓的人，而不只是現象上那些五彩繽紛的矛盾衝突。

不過矛盾衝突，畢竟還是比較誘惑我們的眼球，如同精神分析史上，從歇斯底里等精神官能症狀出發，不過當精神分析走進克萊因（M. Klein）、比昂（Bion）、溫尼科特（Winnicott）等人的論點時，雖然這是從1940年代起逐漸發生的，精神分析理論典範的轉移，但是以比昂（大家熟知他的團體理論，有別於Yalom的經驗。）和溫尼科特這兩位大

將的論點，在英語世界裡看來，至少會再盛行個十幾二十年，才有後代可以追上來。他們的論點大都是在1960、70年代左右成型，並帶來重要的影響力，而他們的影響力至今仍和當代心理治療是緊扣的。

主要是因為比昂的精神分析理論基礎，是在於以思覺失調症和邊緣型個案，做為思索和想像的所在。而溫尼科特身為小兒科醫師、兒童精神科、精神分析師的多重身分，被國家賦與在二戰期間做牛津郡地區的顧問，得想方設法協助收容那些遊街少年的機構，所帶來的複雜問題。由於面對新的個案群，並得想方法來處理，無法只是如在診療室，如果個案不來就算了的方式，因此他們累積了豐富且重要的臨床知識的描繪。也可以說，相對於佛洛伊德，以個人診療室加上精神官能症個案為主的想像，使得比昂和溫尼科特的臨床描繪，變成了另一種典範。

而比昂和溫尼科特的論點，在精神分析網路訂閱的資料庫PEP裡，也是前十名常被閱讀排行裡頭，尤其溫尼科特長年有著四篇文章廣被相關者閱讀。雖然我也相信這種廣被閱讀，相對於1940年代前，早就不

  被一束黑暗，點亮起來

再那般興盛了，因此我在這裡談論這些，不是想要讓精神分析的論點再度風光，這不是我的責任，我也無義務做這些。不過在多年來的臨床經驗裡，也的確發現如果要讓各位臨床家，對於精神分析在臨床的適用性有所了解，我覺得有必要說明，除了佛洛伊德的一些重要術語，例如性學理論，夢的知識等，但這些已經不足讓我們了解，在處理當代臨床常見的邊緣型、自戀型、類分裂型個案，雖然就算有著新的理論典範，離真正可以幫上忙，也仍有著長路。

這是因為在觀察和想像的範圍，已經從三四歲的伊底帕斯情結，到所謂「前伊底帕斯情結」的觀察和想像，尤其是溫尼科特所描繪的臨床經驗和理論。例如，他在對於崩潰的恐懼裡，所嘗試勾勒的臨床現象。何以有人覺得空虛，覺得怕死，卻是一直往死路走？何以有人覺得一直往下滑的人生，沒有什麼可以接住他？溫尼科特覺得這些現象都不是單純的意念問題，而是來自於生命零到三歲的經驗裡，所承受的「原初苦痛」（primary agony）。

但什麼是原初苦痛呢？假設那是人的生下來後只

有自己的自戀期（這是自然的，因爲沒能力知道有客體。），但是要外在客體能夠完全滿足這時的需求，才不會有自戀受傷。這是很困難的事情，不過大部分人是走過來了，因此這是否意味著，人有著某些「自我療癒」的能力存在著？雖然仍有人走不過來，而過心靈破碎的日子，如同前述的那些臨床現象。其實大家回想一下，會有這些經驗者，臨床上幾乎有著不同程度的憂鬱。

　　因此這也是我覺得要來說明，何以相對於焦慮等症狀，憂鬱做爲一種現象或症狀，是如此晚的被注意？雖然有人以是因自殺課題，而喚起大家注意憂鬱課題，我個人倒是覺得，當在外顯的這些焦慮症狀打轉久了，其實臨床家的困難是被明確化了，這不是那麼容易解決。另外好像有種，最後總得面對這些焦慮症狀背後，有著失落感和空洞感。

　　我舉一個例子來說明，也許大家可以了解我何以如是推論？當大家說著佛洛伊德的「閹割焦慮」時，這個術語早就不再只限於診療室，而被廣泛使用在日常生活的語言裡，但是大家跟著精神分析史或精

神醫學史是類似的，都是先注意著焦慮。但是對於這種焦慮的存在，是有著先前的恐懼在先，那就是陽具會不見了，這裡的陽具只是一種比喻，依溫尼科特的論點，這種怕什麼失去的恐懼，是更早就出現，他甚至以「原初苦痛」來描繪前述的，原始自戀的受挫經驗。

我的意思是，焦慮容易成為焦點，意味著這是較容易被人們所注意的，但是焦慮之前的失落、空洞或憂鬱，則是更難被面對的經驗。這顯示在整個精神分析史和精神醫療史的過程裡，有人可以從不同角度來說明，何以憂鬱是如此晚才被著重？而前述是我的假設，何以需要談論這個假設，跟我和幾個朋友在今天下午的另一場工作坊裡，談論「昇華」的侷限，何以有才華，有創意的人，仍不少見會走上絕路？歡迎大家指教。

不過在這裡談論憂鬱這個現象時，如果依著比昂和溫尼科特的論點，尤其是後者要強調的一項重要技術的變革，關於「詮釋」（interpretation）如何做？何時做？我們做時真的是個案需要的嗎？或者只

是爲了顯示治療者的聰明？或好像做著符合治療理論的事情呢？

　　我稍說明這是什麼意思。「詮釋」這項技術，一直被精神分析取向當做是最重要的技術，但它有著多重意義。例如一位現代演奏家，彈奏巴哈的作品，在英文會說是interprete巴哈，而這種詮釋是有更著重演奏家的獨特方式，且有創意做爲重要的評價基礎。不過在精神分析取向的詮釋裡，相對比較不是著重這種方向，而是試圖有著更多的科學性，在精神分析早期借用催眠術的技藝，強調要補足失去的記憶，或找出生命過程裡更早期的創傷經驗，和目前症狀的關係？

　　在佛洛伊德是強調，伊底帕斯情結和精神官能症的關係。在早年，大家對於精神症狀還在摸索的年代，難免期待後來的症狀，和生命早年創傷，可以有明顯的因果關係，例如，伊底帕斯情結是後來的歇斯底里和焦慮的「成因」，也就是期待有著當代概念裡的病因學（etiology）的期待，因而會顯露的臨床的詮釋，會想要將目前的症狀說成是，生命

被一束黑暗，點亮起來

早年創傷的結果，這叫做起源學式的詮釋（genetic interpretation）。不過這種技法在臨床上的效用是相當有限，雖然這種做法仍是最易吸引人去注意，甚至想嘗試這麼做。

後來隨著臨床經驗的觀察，是發現生命早年的記憶之間，是破碎的記憶內容，和當初的情感可能都「去聯結」（delinking）了，而且這些記憶不是以記得當時故事方式，而是化身成不自覺的行動和身體的反應了。因此透過診療室裡此時此地（here-and-now）的觀察，變成重要的焦點，尤其是個案對治療者的「移情」。因是在診療室的此時此地所呈現的移情，由於這種投射是種「錯誤的連結」（false linking），讓個案潛意識地錯認治療者的某些反應。

這種錯認由於隱藏著個案的行動裡，所連結的生命早年的創傷經驗後，留下來的心理殘跡，使得後來形成了共識，針對個案的移情進行詮釋，說明個案此時此地的某些反應，以及說的故事裡反映著此時對治療者的想像，這個心思過程形成了移情的詮釋。這項

主要技能由於不同學派者的施作差異不小，因此無法在此列舉最正確的說法示範，但關於起源學的詮釋的侷限，以及後來被當做是焦點的，對移情的詮釋，也是被溫尼科特等人發現，對於「前伊底帕情結」的案例來說，由於涉及的不再是「症狀」層次（DSM的第一軸），而更是涉及「人格」狀態（DSM的第二軸）的處理了。

　　在精神醫學的研究文獻裡，也可以看見邊緣型個案，常有著生命早年的創傷，但多早呢？有可能是零至三歲的經驗創傷，形成如同是有碑無文的紀念碑般，就算後來經驗到了，但也難以說清那是什麼經驗。談論這些，主要的是要來澄清，當臨床上我們判斷是邊緣型或自戀型時，話語是有侷限了。也就是詮釋的技藝，需要更謹慎了，要提醒這不是以詮釋的說法就能解決，甚至這麼做時更像是一種侵襲，這是溫尼科特常重複提醒的，而所需要的是他強調的holding（護持或擁抱）（抽象的），或現在常聽到接住了，或者比昂所說的containging（涵容），不過這更是指向思考理論，也就是在被這些困難個案

跨出去　被一束黑暗，點亮起來

逼到困局時，仍有著思考和想像的能力。這些技術課題，由於涉及更複雜的因子，因此只先說這些。

　　那麼是否有憂鬱型人格呢？不論是否被正式列進DSM的診斷條例裡，但這問題被提出來討論，本質就是意味著，臨床家早就體驗到一個難以說明的現象，只是先從診斷著手想像。也就是何以有些人的憂鬱，是如此根深蒂固，真的有些如我們會自然浮現的想法，覺得是本性難移般的憂鬱，而我們常是以「本性難移」，來形容「人格」的問題。現象上或說診斷的共病概念來說，是如此同時存在，那麼這現象是如何形成的？在嬰孩的發展過程，有什麼可能性，可以幫我們先來暫時的說明一些可能性？讓我們能夠再深入摸索這種共病現象，是否有著什麼潛在意義？或者在生命發展的過程，是有著很早就一起出現的經驗？也就是它們是一起玩，一起長大的伙伴，如果我來把它們擬人化來想像。

　　最後，如同各位朋友們所觀察到的，精神分析取向的做法，的確是不再如1960年代前那般受歡迎。它在精神醫學的影響力，也的確跟不上生物基因和精神

藥理學的相關論述，不過在這裡不是要來懷念當年的情境，而是想要跟各位介紹一下，我經驗裡的精神分析的走向。大家都熟知的佛洛伊德的性學和伊底帕斯情結等論點，在臨床上至今仍被主張有它的有效性，這是指針對精神官能症裡的某些個案。雖然大家也早都知道，並不是如我們自己宣稱的那麼有用，而這是涉及了症狀上從著重焦慮移到憂鬱，以及臨床上常見的都是混合著人格障礙或失落匱乏所帶來的問題。

也就是後來的廣義的客體關係理論者，如溫尼科特等人的論點，這些論點是聚焦在伊底帕斯情結之前，生命更早期的經驗，不再只是以父母這種完整客體的概念來觀察了，而是部分客體或部分特質的心理碎片式的內容。其實，這些演變對於治療的技術所帶來的變化，是遠超我們目前了解的佛洛伊德的說法了。當聚焦在失落、憂鬱，以及邊緣型或自戀型的人格課題時，涉及的是技術是否仍只著重在詮釋，或只針對移情做詮釋嗎？這是佛洛伊德未深入探索的領域，如果這是不容易的事，需要其它的前驅準備，才可能讓個案真的了解和體會，那些生命早年原始的苦

跨出去 被一束黑暗，點亮起來

痛。那麼要先做些什麼，來讓後來的詮釋可以發揮功能呢？而這可能有些漫長，在這過程我們需要如何自處呢？另也涉及自我療癒的概念在診療室外如何發揮功能，我們的了解有多少呢？我們能夠從其中學到什麼嗎？（完）

（附錄一）

　　這篇文章的節錄版宣讀於本文是完整的文字版。

《臺灣精神醫學會》第61週年年會暨學術研討會
（2022.11.05-06）

　　地點：高雄醫學大學國際學術研究大樓

　　時間：2022.11.06，09:30-11:00

　　超越心理治療：合併運用、督導與教學（主持
人：陳俊霖醫師／張達人院長）

　　1.難治療的PTSD個案：結合腦刺激與心理治療
　　　（唐子俊博士）

　　2.團體督導個別治療案例之探討（張達人院長）

　　3.對原始苦痛的想像及處理時的相關技藝，精神
　　　分析取向的治療在當代的演進是什麼？（蔡榮
　　　裕醫師）

　　4.家庭自我與家庭無意識在臨床的運用（王浩威
　　　醫師）

跨出去 被一束黑暗，點亮起來

第6章

疫情下，從隔離到分離之間，孤獨的心理村落有多少（生死）地名待探索和發現？

劉又銘、王明智

摘要

　　就個體來說，確診被隔離的心理反應是依人而定的，不過我們想要描繪和想像的是，不論是否有確診，我們在這裡是想聚焦在，擔心自己會被感染而被隔離前的心思？這涉及了「生死」的想像，不再只是古典精神分析描繪的，歇斯底里的「健康」課題，而是「人是什麼？」，「人的本質是什麼？」，「什麼是生命的課題？」從現象來看，常會在有具體的物質或數字呈現時，就會被撞擊出深層的恐懼，那些恐懼裡有著生死交關的課題。不是意識上的看開了就好了的難題，只是在有具體防疫物質出現時，就會出現的

排隊和論述上的政治攻防。但在辛苦的排隊過程裡，有著長排的人一起時，這對孤獨的心有著什麼影響呢？或者在面對病毒如同面對命運的無力感下，可以做點什麼事意味著什麼呢？人在這種病毒和命運裡的孤獨和生死，有著多深層原始（primary, primitive, primal）的心理經驗，在影響著人的感受和行動？我們想要藉用Winnicott的論點，爬梳孤獨這種感受，如同新到一個村落，那麼這個村落裡有著多少更細的地名，來讓我們定位孤獨，是否可以是種能力，或者只是離群的哀傷？

本文

就個體來說，確診被隔離的心理反應是依人而定的，不過我們想要描繪和想像的是，不論是否有確診，我們在這裡是想聚焦在，擔心自己會被感染而引發的，有關隔離與被隔離的心思。在今天的論述中，先引述王盈彬醫師與蔡榮裕醫師合著的《誰不怕死？疫情下的深度心理學想像》一書的內容來做說明，

 跨出去 被一束黑暗，點亮起來

在〈為什麼不隔離就好了〉一文中提到：「……照理說，大家都怕病毒感染，戴上口罩就放心了，打了疫苗就會避免重症了，有風險的隔離就好了。……然而，也是會遇到有時候當被給予這樣的建議，反而遭到強力的回擊，引發更多的憤怒，甚至是攻擊的情形出現。

　　……從個體在生命早年的創傷經驗來說，由於常是太恐怖的經驗，很難說清楚的經驗，類似無以名之的感受，尤其是那些覺得受傷害與委屈的經驗，常常不再以受委屈或受傷害的想法被記得，而是浮現在後來的人事物的互動情境裡，附身在後來記憶清晰的一些人事物上，和更早期的記憶形成一種斷裂。這種斷裂的記憶，可能是使用分裂機制（Splitting）而帶來的結果，而後來會出現的問題，卻常是意識上覺得自己忍很久了直到此刻才爆發出來，以這個自己忍很久了，來說明理解目前生氣爆發的理由……而這些早年經驗被淡忘了。」

　　「或是精神官能症常用的潛抑（Repression）……個案自覺壓抑，感覺自己在忍耐承受一些有形無

形的煎熬，容易錯覺地認爲，只要不再壓抑就好了。
會形成簡化式的：說出來就好了、離開就好了、報復
回去就好了……等等作法，卻在行動後發現問題依然
存在而更感挫折，更加深對於眼前人事物的不滿。」
（選自〈忍了很久是甚麼意思呢？把惡夢趕走就好
了？〉）

　　「如果此刻的受苦，重複出現在日常生活裡很
多地方，通常我們不會認爲這只是一時性的問題，而
是有著生命早年以來創傷後的反應，至今仍以它多重
變形的樣貌，出現在後來的人生裡。從外人來看很容
易看得見，問題是在重複，只是當事者可能不會如此
想，而是把問題歸罪於眼前的某些人事物。……前述
比喻所描述的景象，是原始的心理碎片四散投射的結
果，只是臨床上要做這些想像並不容易。……不過如
果是更原始重複的問題，可能是起源於更早年的創傷
經驗時，因爲無法命名的恐怖太難以被忍受消化，因
此啓動分裂機制的運作，讓自己不用接觸到這些原始
的心理碎片。……這些問題不論愛或恨，都是能量的

跨出去　被一束黑暗，點亮起來

激發，都是某種興奮的來源，可能是個案在難以承受無以名之的恐怖時，讓自己覺得有能量的激發方式。這是何以會持續矛盾的緣由，面對失落的空洞，和無以名之的恐懼，人們會讓自己找到問題是來自甚麼事件，好像它們是有名有姓的愛和恨，這樣才有可以努力的方向，也是活下去的重要力量。」（文字選自〈為什麼不說清楚就好了？無法命名的恐怖感〉）

　　以上論述涉及了「生死」的想像，不再只是占典精神分析描繪的，歇斯底里的「健康」課題，而是「人是什麼？」，「人的本質是什麼？」，「什麼是生命的課題？」從現象來看，常會在有具體的物質或數字呈現時，就會被撞擊出深層的恐懼，那些恐懼裡有著生死交關的課題。

　　引用Winnicott的論文：Through Paediatrics to Psycho-Analysis,100(1975):174-193, Chapter XIV. Birth Memories, Birth Trauma, and Anxiety [1949]，來探討早期生死之間的狀態：「……真正的出生記憶的典型特徵之一是感覺被外部事物所控制，以至於一個人無能為力。你會注意到我並不是說嬰

兒覺得媽媽在抓緊。在這個階段，這不是在談論嬰兒。……屬於這種無助的感覺是在不知道什麼時候結束的情況下體驗某事的不可容忍的本質。一個戰俘可能會說，經歷中最糟糕的部分是不知道監禁何時結束；這使得當時的三年比二十年的刑期更糟。正是出於這個原因，音樂中的形式才如此重要。通過形式，結束從一開始就在眼前。……但是，嬰兒無法理解人類的語言；而且沒有先例給嬰兒使用，也沒有衡量標準。……」

「關鍵是外部挫傷（Impingement）需要嬰兒適應它們，而在出生時嬰兒需要從環境中主動適應。嬰兒可以忍受在有限的時間內對環境帶來的撞擊做出反應。在這裡，嬰兒所經歷的事情與母親在被關押時所經歷的事情之間有著非常明確的關係。在分娩過程中出現了一種狀態，在這種狀態下，母親必須能夠讓自己適應一個幾乎與嬰兒同時經歷的過程。……我現在將母親的這種特殊敏感狀態稱為『原初的母性專注』（primary maternal preoccupation），1957年。能夠檢測到每個自我核心，它出現在與挫傷類型

跨出去 被一束黑暗，點亮起來

相呼應的反應中。……也許這些考慮揭示了我們在描述弱小自我時所遇到的困難：不成熟的個體會知道所產生的每個自我核心有多強大，然而弱點在於整個自我組織的整合。」

　　在目前的情況下，有很多可以說的事情是，當一個非常不成熟的自我組織的嬰兒必須堅持著應對一個重要的環境時會發生什麼。可能存在一種錯誤的整合，它涉及某種不自然的抽象思維。……它來自於個人歷史的太早階段，因此它與身體及其功能，以及與整個自我的感覺、本能和感覺在病理上無關。……在這裡可以觀察到，因被迫做出反應而受到干擾的嬰兒被干擾而脫離了「存在」（being）狀態。這種「存在」狀態只有在一定條件下才能獲得。在做出反應時，嬰兒不是「存在」。嬰兒還不能感覺到挫傷的環境是它個人攻擊性的投射，因為嬰兒的心智尚未達到能明白這意味著什麼的階段。……「個人繼續歷程的介面被嬰兒自己對長期挫傷（prolonged impingement）的反應（reaction）打斷時，挫傷（impingement）和反應（reaction）的每一個細

節都會以我們習慣（accustomed）的方式銘刻在患者的記憶中，當患者重溫晚年的創傷經歷時，那種會藉由需要做出反應所再現的創傷，這意味著嬰兒會再度失去身分認同。這給人一種極端的不安全感，並成為所預期的進一步的自我喪失連續性的情況的基礎，甚至是在實現個人生活方面的原初性（congenital）絕望。」

在這些狀態下，如同後來在面對病毒如同面對命運的無力感下，可以做點什麼事意味著什麼呢？維尼克特在溝通與非溝通（Communicating and Not Communicating Leading to a Study of Certain Opposites (1963)）一文中，論述到對嬰兒情感發展的早期階段的設想：「……我將描述客體關聯（object-relating），並且我專注於逐漸地進入到溝通的主題中。……不溝通的權利：這是一個對於將從我的核心要變成走到要永恆暴露在外（或是被剝奪的意思，exploited）的內在可怕幻想的抗議。換句話說，這將是在說，會被吃掉或是吞沒的內在幻想，關於『被找到』（being found）的內在幻想。……

跨出去 被一束黑暗，點亮起來

在每一個人的人格中心裡都存在著一個無法溝通的部分，而這個中心部分神經性的，並且是最值得保護。……導致原始性防禦組織的創傷性體驗可以產生對孤獨的人格核心的威脅。……是一種隨及被發現的威脅、隨即被改變地威脅，以及積累了對溝通的威脅。而這種原始性防禦主要在於對原始自體的一種更進一步的隱藏。」

換句話說，當病毒入侵引來了安全環境的失敗（代表著如同空氣、陽光、水的，習以為常的每日生活），內在裡自我核心再一次遭到了被摧毀的威脅，召喚了過去發生過但未曾被自我所意識到的創傷的再現，內在核心必須做點甚麼來抵抗這種自我被迫害的幻想威脅，這行徑如同早年的經驗的遺跡，而再一次掌握可掌握的安全訊息的感受，即使那只是一種感受，作為如同當年早期環境失敗的反應，但是為了生存而必然。那行動是甚麼呢？

在(2021). IJP Open, (8) (26):1-29〈Deconstructing Winnicott: Reconsidering Psyche and Self〉一文中，Seidman說：「我們

每一個人皆有個假我，它保護著核心：眞實感、創造力、與活著的感覺的確實來源，有著相當多變（varied）的假我組織結構，在（假我的）光譜上，在不健康的那端，一個配合性（compliant）的自體（self）殖民了整個的自體，將它設置爲（設定的跟眞的一樣）；核心被隱藏了，而自體硬性地分裂了，比較極端情形的話，會是一個假我充當著生命力與活力的源頭，來保護著核心……在一種假性的模組中，生命被消耗於去處理環境帶來的挫傷；日常生活只感受到乏味、空虛，與不眞實；這是文化性地貧乏。順應性的自體可能變成一個強迫性的照顧者。最終，照顧的行爲會受一個修復性的願望所驅使，「於是，保護自我核心不計代價的決定，可能在背後不知不覺地影響了自我，而產生了雖使用自我發展的高度智能，卻走向不溝通的道路的危險。」

　　總結，我引用了蔡醫師和王醫師合著的《誰不怕死？疫情下的深度心理學》一書，來闡述了疫情下可能有的心理現象，再連結維尼克特的出生經驗論文，開展這些創傷經驗與古早經驗中隱隱相連的背景，於

跨出去 被一束黑暗，點亮起來

是談到在創傷經驗的無力感之中，人內心世界的分裂
與不溝通的核心自我的存在，加上Seidman的論維
尼克特真我假我的論文，說明在疫情影響下，人們內
心世界組織的複雜性，以及其所可能行動的方向與有
關因子。

Reference

王盈彬、蔡榮裕合著，誰不怕死？疫情下的深度心理學想像，
薩所羅蘭出版，2022。

D.W. Winnicott, Through Paediatrics to Psycho-
Analysis,100 (1975):174-193, Chapter XIV. Birth Memories,
Birth Trauma, and Anxiety,1949.

D.W. Winnicott, The Maturational Processes and the
Facilitating Environment,(1984), Communicating and Not
Communicating Leading to a Study of Certain Opposites 1,
1963.

S. Seidman. IJP Open,(8)(26):1-29 Deconstructing
Winnicott: Reconsidering Psyche and Self, 2021.

第7章

疫情下，與病毒共生，從自己和客體的「好壞善惡」到「生死」間的心理路程？

王盈彬、陳瑞君

摘要

　　對於看不見的病毒，只能從被感染後的症狀，和生病的人數裡，知道它真的存在。做為人的「客體」病毒，它的存在及因此撞擊出人性裡的匱乏和無力感，不再只是古典精神分析的性學課題，也不只是克萊因（M. Klein）對於no breast的no的匱乏，所主張的那是好壞善惡客體而已，而是涉及了生死了，有個「自己」（psyche）或身體（soma）會消失的死亡。這會和Winnicott說過的，人在嬰兒期都曾經死過的「死亡經驗」，後來的事件和先前的經驗，它們之間的連動影響是什麼呢？此刻疫情下會牽動的身體

的死亡，是讓人會怕死，但是人在怕死的經驗下會實際上走向什麼方向呢？動員一切來避免走向死亡，或者可能會出現相反的現象，反而讓自己傾向走向此刻身體的死亡呢？這不必然會發生明顯實質的傷害，卻可以讓我們來觀察和思索，何以在如此恐懼下，有人反而容易聽進那些會帶來危險的言論呢？就像怕鬼卻喜歡聽鬼故事，我們想要透過這些疫情下的事件，來探索這事件的反應裡，可能有著多深層的心理經驗，尤其是「死亡經驗」被再度挑撥出來，以及如何影響「怕死」心理後的不同反應？

本文

「你可能治癒了你的病人，卻不知道是什麼讓他或她繼續生活。對我們來說，最重要的是公開承認沒有罹患精神官能疾病可能是健康的，但這不是生命。一直在生與死之間徘徊的精神病患者，迫使我們去看這個真正不屬於精神官能症，而是屬於全人類的問題。我聲稱這些對我們的精神分裂症或『邊緣性』患

者來說生死攸關的相同現象，出現在我們的文化體驗中。」（王盈彬譯）^(註一)

　　健康的議題，是建立在已經活著的基礎上，於是會成為這樣的組合「要活得如何？」，會是與好壞善惡相關的層次，也就是要如何把生命過得比較好、比較豐富、比較正向、選擇做善的事情、不要做壞事或惡意對待別人……等。然而，生死的議題，則是屬於生命存在與否的層次，也就是要「要如何活著？」的命題，要吃喝拉撒睡的需求。但是我們確實也會有這樣介於其間的組合層次，「好死不如歹活」，「好的要死、壞的要命」……等。兩個不同層次的事情，會是經歷如何的路程而相遇組合成為一個中間的層次，又或是中間的層次是如何獨立存在的？當Winnicott企圖要把這一個交界交接，放在文化體驗中來思考定位時，又如何與我們在精神科描述的邊緣性狀態做對照呢？母嬰關係是Winnicott的論述中，很重要的一對組合，媽媽會在嬰兒初生之時，扮演一個被嬰兒占據操作的主觀客體，以便在後來慢慢的將媽媽所屬的現實世界的點點滴滴介紹給嬰孩，嬰孩也在這樣的過

跨出去　被一束黑暗，點亮起來

程中，慢慢發現自己的存在，以及與外在現實的區隔，並因此獨立成為一個可以認識非我存在的現實世界，包含眞正的媽媽。而當文化被定義為一群人共存共榮的生活方式時，其縮影也正是母嬰關係琢磨過程的擴展。

　　回到這三年的疫情期間，不斷會看到疫情指揮中心有許多滾動式的政策在執行著，一個政策的出現，雖然是為了保護全民的生命安全，但是這一條線一畫，卻也就區分出了不同的群體，常常激起許多的反應，「戴口罩是對的嗎？」，「隔離的時間是對的嗎？」，這些「焦慮」反應的底層，存在著不同強度的能量，也就是說，那個對不對的議題，不盡然只是科學驗證的防疫作為，不是只有比較好或比較壞的差別，而是也有著不這樣做就會有生命危險的「恐懼」能量運作著。就像是在「要活得如何？」的底層，其實是可能隱藏著「要如何活著？」的更基本的命題。這雖然只是一條線，但是放大來看，這條線其中包含了來自不同的群體之間的交流，也就如同Winnicott所標示出來的過渡現象或過渡客體的文化所在的位置。

就如同精神分析在論述精神官能症時，使用的是衝突理論，也就是本我、自我、超我的衝突妥協來解讀，也就是誰對誰錯、誰強誰弱的層次；然而進到了精神病的層次，就會比較是匱乏概念的主題了，也就是當促進性環境失效時，自我無法整合的存在。然而在社會現象上，往往是同樣的外包裝，於是讓人看不清楚。就如同用「善惡好壞」來包裝著「生死」的大事一般，而病毒對生命的威脅出現時，就讓這樣的包裝重見天日，因為已經包不住了。

　　「簡單地說，對佛洛伊德而言，人類是矛盾的動物；對溫尼考特而言，則是依賴的動物……在性慾尚是不可接受的之前，就已經存在著無助的感覺。依賴便是最初的感覺，在善與惡之前。」—亞當·菲力普（Adam Phillips）^{（註二）}

　　精神分析發展的早期，由佛洛伊德的二元論和衝突論建構而成，其來由是臨床的歇斯底里症的病人所呈現的精神病理學的探究，剛開始是屬於研究精神官能症的範疇。然而隨著處理越來越多的兒童和精神病的病人，已經牽涉到人如何活著的議題，也就是在外

在環境的匱乏時，已經不是談論如何活得健康的議題了。COVID-19疫情的出現，是讓人類生命暴露在未知的病毒及高度致死及傳染力的威脅之下，於是看似理性的日常對話，往往潛藏了亂了方寸的當下，牽動了許久鮮少被撼動的生命生存的底層，那就像是平日生活在承平世界的人們，突然掉入十八層地獄的巨大衝擊一般，只是仍然使用著好壞善惡的表皮包裝，也許是一種阻抗吧？但是更精確的說，也許更貼近是一種驚嚇而不知所措的故作鎮定的維持表皮，只是這表皮已經變成了浮木了。

當初病毒的威脅感還在遠處時，我們是有空間來論述一些防疫措施的，比方說，戴口罩或使用視訊的決定，還有許多心理學的討論空間，這也是台灣防疫措施的奏效，緩衝了硬著陸的破壞性。但是當致命病毒迅速來到眼前，或甚至治療室內時，所有的討論選擇、善惡好壞會瞬間被壓縮入生死的檔案夾中，因為恐懼崩潰的氣氛正在淹沒一切，善惡好壞分裂成一塊塊的碎片或擠成一球而無法辨識，除非活得下來，才有機會再來解壓縮。而隨著病毒的變異，現在的病

毒已經沒有那麼致命了，也就是生命的威脅感減少許多，於是共存的空間漸漸出現，也就是解壓縮的機會來臨了。於是我們就可以有機會來討論這樣的恐懼與崩潰。

「我認為，臨床上對崩潰的恐懼，是對已經經歷過的崩潰的恐懼。正是對原始痛苦的一種恐懼，導致了患者表現出如同一種疾病症候症的防衛組織。」（王盈彬譯）^(註三)

一個簡單的命題是這樣進行的，何以會「怕死」或「恐懼死亡」，如果沒有死過的經驗，又何來的怕，這呼應了Winnicott的認為，於是也順著這樣的論點，到底一個活著的人，是如何有過死亡的經驗。而這樣的死亡經驗，又為何會引發人們想要不斷仔細端詳的動機呢？

「這裡必須要問：為什麼病人會繼續為這屬於過去的事情而煩惱？答案必定是，原始痛苦的原始經驗不能進入過去時態，除非自我能夠首先將它收集到它自己現在的時間經驗中，並進入全能的控制中『假設這是母親（分析師）的輔助自我支持功能』，換句話

跨出去 被一束黑暗，點亮起來

說，患者必須繼續尋找尚未被現在經驗的過去細節。這種搜索採取一種在未來尋找這個細節的形式。除非治療師能夠在這個細節已經成為事實的基礎上成功地工作，否則患者必定繼續害怕找到將來被強迫尋找的東西。」（王盈彬譯）^{（註三）}

如果能夠控制會導致死亡經驗再現的任何細節，將可以避免死亡的再度發生，於是對死亡的恐懼就可以被控制，病毒的入侵正是這一個狀態的預演，於是把病毒的裡裡外外研究清楚，雖然是科學的事情，但可能也同時代表的是人們想要控制及避免再度經歷死亡的恐懼所驅動。然而，這一個最初的死亡經驗究竟何在？

「本文的目的是提醒人們注意，崩潰早已經發生的可能性，那是接近個體生命的開始。患者需要『記住』這一點，但不可能記住尚未發生的事情，而過去的事情還沒有發生，因為患者不在那裡等著發生。在這種情況下，唯一能夠『記住』的方法是讓患者在現在，也就是在移情中，第一次體驗到過去的事情。這個過去和未來的事情就變成了此時此地的事情，並成

為患者第一次體驗到的事情。」（王盈彬譯）（註三）

移情是一種在人類文化活動中，無所不在的現象，而精神分析是要透過移情的分析和處理，讓原始的個人經驗重現於治療關係中，透過詮釋，進而得以將過去阻滯的情感能量，可以被疏通。於是在個案對治療師的愛恨情仇中，有了好壞善惡的判斷，也默默的帶入了曾經崩潰的死亡經驗所組織起來的防衛組織，臨床表現常常是在治療已經慢慢進步中，出現了一個巨大的轉折，這可能是因為漸漸出現的安全，就可以把最恐懼的元素帶入，雖然仍是個未知。

「當對死亡的恐懼是一個明顯的症狀時，來世的承諾並不能緩解，原因是病人有一種直視死亡的強迫。再一次，尋求的是已經發生但沒有經歷過的死亡。當濟慈在『半愛著安詳的死亡』時，根據我在這裡提出的想法，他渴望如果他能『記得』死亡，就會有安詳到來；但要記住，他現在必須經歷死亡。」（王盈彬譯）（註三）

這樣的推論，來自於分析一些精神病患者的歷程中的研究所獲得，而Winnicott更進一步結合他在小

  **跨出去** 被一束黑暗，點亮起來

兒科的經驗，認為這一個死亡等級的崩潰的來源，可能是因為一種原始的苦痛（primitive agony）所造成，之所以要用這樣的名詞來形容這樣的痛苦，是因為實在很難用一般等級的痛苦或焦慮來形容，而這樣的苦痛的來由包含了：

「1.回到未整合的狀態。（防衛：瓦解。）

2.永遠墜落。（防衛：自我抱持。）

3.心身共謀喪失，留置體內失敗。（防衛：去人格化。）

4.失去真實感。（防衛：利用原發性自戀等）

5.失去與客體相關的能力。（防衛：自閉狀態，僅與自我現象有關。）

等等。」（王盈彬譯）^{（註三）}

而在這裡提到的許多的原因之一，就是促進性環境的失敗，以至於一種持續存在的經驗被中斷了所引發的後續效應。也就是由愛產生的促進性環境的失敗，會導致生命死亡的經歷，甚至是真正的生命死亡。也就是當把好壞善惡變成一種媽媽所給予的付出

時，會連動的其實是嬰孩的生死。而這個由好壞善惡組合成的養分，會影響後續的生死經驗。

參考文獻

註一： D. Winnicott (1967). The Location of Cultural Experience. Int. J. Psychoanal., (48):368-372.

註二： 超越佛洛伊德：精神分析的歷史，心靈工坊。

註三： D. Winnicott (1974). Fear of Breakdown. Int. Rev. Psycho-Anal., (1):103-107.

第8章

疫情下，生死由命和對unknown的心理經驗，是在接納和承載什麼創意呢？

陳瑞君、黃守宏

摘要

　　當我們想要玩某種遊戲，但很多人一起出現時，就會需要排隊，首先，任意自創的「玩」（play）本身，和玩組合後的遊戲（set-games）的「排隊」，兩者都是重要的文明現象，從佛洛伊德的Fort-Da遊戲的觀察，和讚嘆在母親不在旁時，小孩可以自己玩遊戲是多麼文明的現象。另外大家也都知道，去迪士尼時，愈好玩的遊戲需要排愈久的隊伍，那麼目前我們看見在疫情下，幾個重要物質在起初，都是被以缺乏和混亂來形容時，看見有排隊的人潮，但仍大都是有秩序的排隊，何以這麼生死交關且實情未明的情況

下，大部分的民眾在焦躁和匱乏的心情下，仍可以維持著文明的排隊？就像在排隊等著玩遊戲嗎？而且是在有新階段具體的防疫物質出現時，彷彿就撞擊出了內心世界，某些很原始（primary, primitive, primal）的驚恐和匱乏。這麼說不是要輕忽那種心情的不安，而是如此生死未明的混沌下，民眾是有著什麼文明裡的文化？或這種文化裡有著什麼文明，來讓潛在的不文明可以暫時「心身安頓」下來，耐心（psyche）的，讓自己的身體（soma）等待和排隊呢？雖然可以從疫情指揮中心建立的記者會，和信息的傳遞等來說明，或者就算這些只是少數的人，但這仍是有著重要的心理意義值得思索。我們引介Winnicott「孤獨的能力」的概念，以及「文化經驗的（心理）所在」，來嘗試描繪我們所見的外顯現象裡，可能有著什麼潛在心思？

本文

第1玩：
疫情：身心分裂（Body-Mind Split）的年代

　　原始的經驗維度帶來的身體與精神上無法團結，驚慌於生存未知的Unknown，便將注意力轉向肉身無可確定性（Uncertainty）的焦慮。

　　畢竟疫情就是沒有名字的疾病，當患者的困境以身心分裂（Body-Mind Split）為外顯標誌時，似乎對應於潛意識中某種主旋律的發展的探索。

　　這也是我們這系列以疫情下的身心反應做為探索的假設。

第2玩：
先回到Winnicott的對崩潰的恐懼（Fear of Breakdown）

　　我採納溫尼科特的想法認為在臨床上崩潰的恐

懼，是早已發生過了。這是最原初痛苦（primary agony）的恐懼，它引起了病人以疾病症狀的方式的防衛組織。雖然這麼說，離要真正了解和克服，疫情下的複雜現象裡的心理仍是長路，但我們從恐懼出發，而且是從對於崩潰的恐懼出發。這個想法隱含的重點是前述的，人存在某種溫尼科特說的對原初苦痛的恐懼，而原初苦痛對溫尼科特來說，是指人生下來後自無始以來就可能存在的生存者的苦痛。

第3玩：
《從一個臨床片段談起》

從Winnicott的文章談起《關於母親有組織的防衛來抵擋憂鬱所帶來的修復》（Reparation in Respect of Mother's Organised Defence against Depression, 1948），「我注意到在兒童精神病學臨床中常見的臨床觀察，這類對象：在診所裡的某些孩子似乎特別活躍，愉快，穿著整潔，和具有創造力，這些小孩為診所帶來愉悅感，大家都期待他們的到

來。然而，在背景裡有種憂鬱或癱瘓或無助是家庭的主要症狀，這指明了從母親的那端點來看，某處出了問題。

我花了幾年的時間才意識到，這些孩子在逗我開心，因為他們在家必須逗他們的母親開心，以應對母親的憂鬱。在等候我的時候，他們面對或防止我的憂鬱或診所裡的無聊，他們畫了可愛的圖畫，甚至寫了詩來給我的收藏。毫無疑問，我被許多這樣的個案所欺騙，直到我最終意識到孩子們生病了，並向我展示了一種假我組織。

在家裡，他們的母親必須處理問題的另一面，即孩子無法在24小時內一直抵消母親的情緒問題。」
（陳瑞君整理自Winnicott前述文章）

第4玩：
《從一個臨床片段談起》

事實上，母親不得不忍受來自於孩子被剝削和失去認同的仇恨。男女童有各種的臨床表現，都有假我

的自我組織（the false self organization），這是孩子在與情緒低落的母親保持聯繫時所能做的最好的事情。

在情感發展中，他們永遠無法滿足的，就是被母親潛抑的潛意識仇恨著，孩子只能在生活經驗中以反向作用遇到這種仇恨。這是溫尼科特很大膽的假設，這也和他在另一篇重要文章《反移情的恨意》（Hate in the Counter-Transference., 1949）裡，對於處理那些明顯帶有原始問題如精神病性的特質時，治療師會有的潛在的恨意，他主張要理解這種潛在恨意是很重要的。

對於做爲母親者的潛在心理，溫尼科特於《在精神分析實作裡發現的母親的潛意識主旋律的發展》（Development of the Theme of the Mother's Unconscious as Discovered in Psycho-Analytic Practice, 1969），再次說明上述案例的經驗，也說明了孩子外在行爲與內在的人格結構裡的相互對應關係，一部分對應的是「母親的潛意識裡的主旋律」，卽潛意識的溝通。

第5玩：

疫情：身心分裂（Body-Mind Split）的年代

在COVID-19期間，不少個案因死亡焦慮而重啟自己及他人身體健康、生命崩潰的事實。它們揭示了自我的脆弱（ego-weakness）、貧乏的認同整合（poor identity integration）、分裂和投射認同的原始防衛（primitive defenses of splitting and projective identification）、自我界線和現實感的脆弱性（fragility of ego-boundaries and of reality testing）。

因此如前述的，需要觀察原始的經驗維度帶來的身體與精神上無法團結，驚慌於生存未知的Unknown，便將注意力轉向肉身無可確定性（Uncertainty）的焦慮。

畢竟疫情裡涉及的病毒就是沒有名字的疾病，雖然後來被冠上COVID-19，但這不表示我們在命名它時，就已了解它是什麼了。因此當患者的困境，以身心分裂（Body-Mind Split）為外顯標誌時，依我們

的想法似乎對應於，潛意識中某種主旋律的發展的探索。也就是說我們是以這種方式做為探索的方向。

第6玩：
疫情：心理原始性考古的年代

　　Bion（1962）和Tustin（1981/1992），將精神分析師在深入研究精神病患者（psychotic）時所面臨的情況，與考古學家在發現一座被毀的城市時，所面臨的情況進行了比較。考古學家在挖掘城市的過程中發現，由於岩層的坍塌和移動，早期階段的碎片和其他物體，與後期階段的陶器和工藝品混雜在一起。這也是我們聽個案談論他的歷史故事和災難時，可能面臨的課題，尤其是在災難時，心理的地動天搖，可能讓很多事情移位混合，而增加我們對於歷史經驗的判斷。不過這是事實，顯然的，我們就是需要在這種情況下，開始我們的探索。

　　Bion（1957）這樣說：「病重到足以被認定為精神病患者的患者，在他們的心理中包含人格中的非

跨出去 被一束黑暗，點亮起來

精神病部分，是各種官能症機制的受害者…以及人格中的精神病部分，這部分到目前為止占主導地位，以至於人格中的非精神病部分，與之以消極並列的形式存在，被遮蔽了」（1957/1988,64）。

以下這篇文章值得大家再進一步閱讀，來思索前述的課題，並用來做為想像疫情下心理經驗的基礎，並了解這些經驗的層次感和豐富感。Kadyrov, I. M. (2000) On the Neurotic and More Primitive Aspects of Personality. American Imago 57:43-68

第7玩：
疫情：皮膚解組的年代

對疫情的反應由於是很原始的生死之戰，可能呈現了精神生活的最早痕跡，Ogden（1989）說這裡是「人類經驗的原始邊緣」（primitive edge of human experiences）——以感官主導、前結構和前符號的心理組織（Gaddini 1984/1992），即自閉

毗鄰的位置（Ogden 1989）。至於前結構和前符號的真正定義是不少想法，我們在這裡只是先說明，這可能是指在個體生下來前，由個體經驗所浮現出來的結構觀和對於符號的了解之前，早就存在於人世間的結構和符號。由於佛洛伊德所談大致是在出生的客體經驗，因此這在精神分析裡仍是一塊值得發展的論述。

　　嬰兒試圖在母親高度的情感認同下，有著安全的組織和結構不同的感官印象，兩組經驗有助於整合成趨勢：

1.育嬰的技術：嬰兒被保持溫暖、撫摸、沐浴、搖動和命名
2.直接敏銳的本能經驗，傾向於從內在將人格聚集起來。

第8玩：

疫情：皮膚解組的年代

　　是本能經驗和重覆的安靜的身體照顧經驗，

跨出去 被一束黑暗，點亮起來

由此皮膚的觸感「構成有界限的表面」（Ogden,
1989, p.49），逐漸建立起所謂的令人滿意的人格化
（personalization）。

另外，心理皮膚（psychical skin）的形成，嬰
兒生活在自己的身體裡，也能夠感覺到世界是真實
的。而未能建立一種安全的、持久的、有邊界的感
官毗連感，進而導致前符號焦慮，包括對「一個人
的感覺表面或一個人的『安全節奏』（rhythm of
safety）即將解體的恐懼，導致洩漏、溶解、消失或
落入無形無界的空間感」（shapeless unbounded
space）（Ogden, 1989,68）。」

以上是先將在生死衝擊下，涉及的心理概念的
整合，讓人可以維持著做為一個人，所牽連的一些想
法。

第9玩：
從絕對依賴、相對依賴到獨立

1.正常嬰兒有一段時間，不介意他是很多片斷還

是完整的存在，或者他是存活在母親的臉上還是自己的身體裡，只要他時不時統整在一起，感覺到一些什麼。

2. 促進性的環境（facilitating environment），描述爲holding，發展成爲handling，並在其中增添了object-presenting，使成長過程穩步推進。

3. 在促進的環境中，個體歷經的發展可以歸類爲整合（integrating），並在其中加注留置（或心身合謀）indwelling（or psychosomatic collusion），然後與客體關聯（object-relating）。

4. body-scheme已經產生，嬰兒過著有身心（psychosomatic）的生活。

參考資料

1. Ogden, Thomas. 1989. The 《Primitive》Edge of Experience. Jason Aronson: Northvale, NJ.

2. Milner, Marion. 1987. The Suppressed Madness of Sane Men. Forty-Four Years of Exploring Psychoanalysis. New Library of Psychoanalysis. Tavistock: London.

3. Gaddini, Eugenio. 1992. A Psychoanalytic Theory of Infantile Experience. Routledge: London.

4. Winnicott, Donald. 1953. Transitional Objects and Transitional Phenomena. Psycho anal. 34.

5. Kadyrov, I. M.（2000）On the Neurotic and More Primitive Aspects of Personality. American Imago 57:43-68

6. Winnicott, D. W. (1965) The Capacity to be Alone (1958). The Maturational Processes and the Facilitating Environment: Studies in the Theory of Emotional Development 64:29-36

7. Winnicott, D. W. (1945) Primitive Emotional Development. International Journal of Psychoanalysis 26:137-143

第9章

疫情下，生死的情感經驗裡，文化經驗是心理所在的何方神聖？

王明智、蔡榮裕

摘要

生死的課題涉及「生命是什麼？」，「人如何活著和活下去？」，而且還能有創意的課題。不再只是古典精神分析論述裡的性學，和精神官能症的心理健康的課題，以及對「匱乏」時的激情反應裡的id-relationship，與平靜反應的ego-related的關係，這些是什麼？

這也是Winnicott在「文化經驗的（心理）所在」裡，試圖要打開的主題。這些不是相互排斥的論述，只是有些現象所涉及的是，牽連到生命更早年的「生死經驗」，Winnicott以那是嬰孩如何開始玩

（play）時所呈現的心理課題，他並且假設後來的文化經驗，是在玩的經驗累積上所進一步開展的現象。

對他來說，玩和文化都是涉及「人的生命是什麼？」，「人性本質是什麼？」的課題。只是那些屬於生命頭兩年的經驗和記憶，是無法以說故事的方式被記得，但它們所形成的疤痕，可能如人類學的考古的遺蹟般，會呈現當事者和周遭客體的互動經驗？或和治療師的「移情」經驗裡，我們也是同意他這種假設。

本文

讓我們先從一個虛構的案例開始：

「因為疫情驟降，改為遠距治療後，個案忽然意識到某種失去。那些前來治療的路上，無論是搭捷運、診療室附近的公園、餐廳、咖啡館。那些等待治療的時光，放空時周遭的光線聲音與溫度濕度，這一切宛如無形的渠道般，扶持著個案通往治療。

這樣的分離意味著甚麼?個案失去的是宛如治療師身體的診療室,或者安全的子宮。

個案像是被棄置在嬰兒床的寶寶,在僅有的二維空間裡(電腦屏幕),甚或一維空間(聲音)感受到與母親分離的無力。

此時個案如何安慰自己?可能是自家沙發的枕頭,或者是旁邊的寵物,這樣的安慰像是一種孤獨的自體性欲。

又或者來自網路那端,治療師的話語,聆聽時讓個案想起小時候與母親長久的分離,彼時個案不滿兩歲,妹妹出生後個案被送到外婆家照顧,直到小學返家,一時不知如何與母親相處,唯一自然的親近便是生病時,母親在床邊照顧,講故事給她聽。透過耳機傳來的治療師聲音,宛如兒時母親的撫慰。

透過治療,許多事情串聯起來,似乎都在說明嬰兒時期與母親分離的記憶:

觀看老電影《戰火浮生錄》,被送往集中營的猶太夫婦不惜偷偷把剛出生的嬰兒棄置在鐵道旁,留下紙條金飾,祈求好心人扶養嬰兒長大。看到這個段

跨出去 被一束黑暗,點亮起來

落，個案淚流不止。

三級警戒之後，走在空無一人的街道竟感到非常寬慰，彷彿這是內心的風景。

平時她對街友總會有說不出的親切感。公司因疫情放無薪假，宅在家裡的日子愈發邊邊，存款也日益減少，感覺離街友愈來愈近。

失去母親照顧的寶寶，在原始心智的戰火之下，生死一線間。

直到兩廳院捎來訊息，三級警戒解除後首場音樂會，這個等待已久的邀請讓她感受到絲絲溫暖，很快地在線上訂票，帶著雀躍的心情，盛裝打扮出席音樂會。

走進久違的音樂廳，竟有一種回家的感覺。當樂聲在碩大的空間迴盪，猶如戰爭般藏身防空洞的日常，終於得到些許舒緩。

望著座位上如星盤羅列的愛樂者，感受空間、燈光、布幕的色澤、座椅的柔軟，與前排愛侶的依偎；

一面被演奏者與樂聲默默陪伴與迴繞，知悉人性中還是有些共同的追求，被戰火蹂躪成斷垣灰燼掩蓋土堆的，此刻卻點點滴滴，隨著音樂復甦、糾結、融化、凝聚、成形，內心不由得陣陣悸動……。

彷彿宅在家的日子，很多去整合，解體的部分，散落一地的東西，透過實體音樂會再度凝聚起來。身體還有隨之而來的感受、回憶與思想，也逐漸有了它的形狀。

經過了漫長的休止符，過去與現在疊影在一起，有了某種了然，可以將心中未完的旋律演奏下去……。」

這個案例最後走進音樂廳，讓我想到溫尼柯特《文化體驗之所在》的一段文字：

「身為旁觀者，我們注意到在小嬰兒的遊戲裡，一切以前都曾經做過、都感受過、都嗅聞過。而在寶寶與母親的結合出現特殊象徵（過渡客體）的地方，這些客體都是就地取材的，不是創造出來的。然而，

對小嬰兒來說，（假如母親可以供應正確的條件）小寶寶生活中的每個細節，都是有創造力生活的實例。每個客體都是一個『找到的』東西。假如有這樣的機會，小寶寶就開始過著有創造力的生活，並且使用真實的客體來發揮創造力。」（翻譯：朱恩伶）D. Winnicott (1967). The Location of Cultural Experience. Int. J. Psychoanal., (48):368-372

這也是為什麼對這個案例來說，當她走進音樂廳會有一種活起來的感覺，物理與身體性的因素讓許多感覺凝聚，透過眼耳鼻舌身意，從解體到重新結合的身心感知，彷彿小時候被棄置的她重新與母親團聚。

而這個過程如何可以發生？

溫尼柯特說：「假如遊戲既不在裡面，也不在外面，那麼它到底在哪裡？」

如果小寶寶幸運的話，曾經跟媽媽擁有好的照顧品質，那些拾俯皆是的東西，都會像是它發現的，其實卻是因為媽媽的悉心照顧，讓小寶寶剛好找到。誠

如溫尼柯特說的，這些東西都代表著小寶寶與媽媽的結合。

不在裡面也不在外面，難道遊戲在「中間」？

我也是從自己尋常的生活中去尋找、思考這個問題，總覺得生命有限，生活有限；另一方面卻覺得想像力與藝術是無限的。過去會把這兩者對立起來，好像藝術可以對治生命的有限。直到偶爾找到這本書，解決心中疑惑。

Marion Milner這位獨立學派的分析師，在《On Not Being Able to Paint》（1950）的〈第五部　繪畫的使用：繪畫與生活〉中，用另一種方式思考甚麼叫做中間？當然這也是過渡現象與過渡空間誕生之處。

這本書非常細膩地講述這個過程。算是近幾年內，我所找到的一本非常令人感動的書。

註：Marion Milner. On Not Being Able to Paint. Routledge, 1950.

讀Marion Milner，讓我思考藝術創造的過程。

當主體把客體納入的那一刻，就等於是納入了一份關係，或者說在那裡，擁有主體客體關係記憶中具有意義的種種。客體因此存在主體內心，有其主觀意義，為主體或修飾或扭曲，這是主體掌控客體的重要形式。也是藝術的開始。

在藝術中也會看到主體如何把外在環境，或者是創作素材經過特定的修飾扭曲，其中最極緻的就是這些處理的過程被淬鍊成審美的形式；如此可以保存主體內心的客體。也可以說是為愛而扭曲；當然這是哀悼的開始，也是愛的開始，只是透過藝術的手法加以轉化。

主體如何處理客體帶來的挫折？

客體或者外在世界帶給我們的挫折要如何修復？溫尼柯特談到透過母親的全神投入來恢復寶寶的全能感，之後寶寶才有比較強壯的自體去再次經歷挫折。

直到寶寶可以使用表徵，也就是客體的替代物，來處理這種挫折與分離帶來的失落與幻滅。

文化藝術一開始並不是從可以使用表徵開始，應該是在使用表徵之前，主體透過試圖在幻想還有眞實的斷裂中，試圖去橋接此種鴻溝以修復內心挫折的一種嘗試。

這樣的嘗試由母親的全神投入作爲基礎，透過母親嬰兒的結合來修復自體，之後才會創造出表徵，可以使用表徵的嬰兒才眞正具有分離的能力。

有一個無法被我們掌控的外在現實（客體）

Marion Milner提到，有一個無法被我們掌控的外在現實（客體），是一種對於人類的活著太無望的圖像，如果我們要克服趨迫盲目的本能加以發展，就必須在主體與客體之間做出區分，就像是溫尼柯特說的「從主觀客體到客觀客體」的發展成就。

Marion Milner形容，做出這種區分對人類而言是一種不情願的恨，然而，透過藝術，人類可以暫

時不管這種區分，在面對外在現實的殘酷之前，藝術可以讓我們暫時把主體與客體結合起來，形成一種新的結合體，就像是溫尼柯特說的「小嬰兒與母親的結合」。

「在藝術中，儘管外在世界的一部分被改變了，自然的『形狀』被扭曲了，以適應內在的體驗，但它仍然是外在世界的一部分，它仍然是油漆、石頭、口語或文字、身體的運動或樂器的聲響。……由於此後客體被賦予了一點『我』，人們就不能再像以前那樣看待它；而由於『我』，即內在體驗，已被更多外在現實所充滿，當下在願望與真正存在的東西之間有了更密切的關係，因此恨的原因更少，找到令人滿足東西的絕望也更少。事實上，審美經驗已經修改了願望，通過給它一個新的客體，把自己的一部分塑造成一種新的形式；同時，過去外在世界過去無情的那一部分也帶來新的情感意義。」（Marion Milner. On Not Being Able to Paint. Routledge, 1950.）

因此，簡單來說，透過藝術、或者遊戲，所帶來的文

化體驗。

　　有一個無法被我們掌控的外在現實（客體）主體可以暫時把客體納進心裡，又可以被客體充滿改變。這樣在來回之間，我們與外在世界有了一份具有反身性的關係，反思（reflection）於焉形成。

　　有一個無法被我們掌控的外在現實（客體）也就是說，沒有分離的意識，就不會產生非我（not me），當然也沒有主體，融合在一起的情況也就沒有反身，當然也不會促進反思。有時候我們會看到一些困難於分離的個案說自己變笨了，就可以清楚地看見，這種融合的意識如何地阻礙反思的功能。

　　有一個無法被我們掌控的外在現實（客體）文化，剛好在促成分離與反思性的過程中，提供了某種緩衝，讓分離不會變得過於尖銳，讓主體與客體，外在與內在，真我與假我，可以來來回回地引渡，結合又分開。

　　有一個無法被我們掌控的外在現實（客體）透過文化活動，一在地把我們帶回生命的最初，當我們擁

  被一束黑暗，點亮起來

有然後失去母親的那一刻，藝術就像是我們的內在母親，共情與呵護著我們，讓我們從幻滅中一而再再而三地修復自己，讓自己可以去控制那終究無法控制的現實，卻在幻想中恢復。

既像是一個外在物，又像是一個內在物

因此文化最有趣的，既像是一個外在物，又像是一個內在物，透過熟練藝術這個來來回回的過程，我們也在裡裡外外之間，不斷地經歷幻滅與修復。

因此文化，並非像大多數人說的那是種跟生活無關的逃離，應該說它是回到生活（或者生命）的開始。

當然生命中我們終將會有無法克服與逃離之事，會帶來極大的分離：就是衰老與死亡，文化體驗也帶來了某種偷吃步的緩衝，體現了某種逃離，或者等一下的餘地，讓我們可以創造出某種第三位置，過渡空間，最後比較可以回來面對。

第三領域

「就精神分析理論的發展而言，我認為現在正是重視『第三領域』（third area）的時候，也就是重視從玩遊戲衍生出來的文化體驗的最佳時機。精神病患堅持要我們知道它。而在我們評估人類的生活而非健康時，這也是極為重要的。（其他兩個領域是：內在或個人的心理現實，與個人所生存的真實世界。）」（朱恩伶翻譯）D. Winnicott(1967). The Location of Cultural Experience. Int. J. Psychoanal., (48):368-372

註：
2022.11.13周日1310-1430臺灣醫療人類學會年會工作坊（session 6-A）
疫情下的生生死死，如果有文化經驗，它在精神分析的什麼心理地帶？：引介D. W. Winnicott來思考無法思考的孤獨領域
主持人：王盈彬醫師、蔡榮裕醫師

疫情下從口罩、疫苗、快篩和口服藥的使用，變成需要時就會有匱乏的欠缺感，進而就被描繪成有亂的現象。雖然大致是可以看見，在一陣子後就平息了下來，但這一波一波的現象，是反映著什麼心理現象呢？雖然無法忽視的是，可以輕易看見其中政治角色的攻防，不過就民主國家來說，政治的攻防是在所難免，加上那不是我們的焦點，我們是嘗試想要探索和想像，這些現象裡隱含的不明顯的心理感受，尤其是指潛意識的心理學領域。由於是潛意識的領域，自然是帶有著想像和臆測的成分。

另我們也嘗試提出一個新角度，做為探索類似重大社會事件時個體心理反應的模式。當我們看見疫情的反應和衝擊後，所見的現象常被當做是前述事件的結果，是因為有疫情的重大壓力下的反應和結果。不過我們嘗試說明另一種不同的思想和探索新方向，也就是重大事件，尤其是涉及生死大事，以及生死的不確定性（uncertainty）的事件時，是否被激發出來的後續各式反應，尤其是激烈、激情的反應，其實它們是早就存在的因子，而且它們是那些重大事件潛在

的心理「成因」，而不是重大事件後的「結果」。

1. 疫情下，從隔離到分離之間，孤獨的心理村落有多少（生死）地名待探索和發現？
   劉又銘醫師、王明智心理師

2. 疫情下，與病毒共生，從自己和客體的「好壞善惡」到「生死」間的心理路程？
   王盈彬醫師、陳瑞君心理師

3. 疫情下，生死由命和對unknown的心理經驗，是在接納和承載什麼創意呢？
   陳瑞君心理師、黃守宏醫師

4. 疫情下，生死的情感經驗裡，文化經驗是心理所在的何方神聖？
   王明智心理師、蔡榮裕醫師

第10章

信心和造神之間的差異，如果兩者都需要錯覺（illusion）？

劉又銘

當不知名不知性質的病毒開始蔓延時，給個體所存在的世界染上一片危險的色彩，防備開始蔓延甚至早於瘟疫的到來，聽見戰鬥的號角已然響起。

尚未接觸瘟疫，但更明白的是接觸到早於瘟疫而來的恐懼。過年假期間，某醫院掛名感控醫師的精神科醫師，正在狹小的值班室中胸悶心煩著感受到渺小，他正在制定他難以完成的感染控制流程手冊，當醫院病人恐慌著突然無法外出與危險，是由這手冊編寫的準則來決定恐慌中的住院病人，教導醫院所有人怎樣才是安全的行為，如何消毒，如何執行門禁，如何在第一線稽查時做到安全工作保護自己與他人。而此時他是孤獨的，甚至感到一絲無辜，因為居然無人

可求援，在醫院更外頭的地方，本應提供援助的主管長官，只是要風行雷厲地趕往醫院準備督導，責任與辦法全是他自己的。他感覺連時間也背叛了他，連續十幾個小時解讀不熟悉不理解的感控文件與原則但仍感覺無成果，明顯無能而為的他，被寄託要創造出有為而能的事。

　　他感覺在等待被燒毀，等待著他的是戰爭，而他是缺少戰備也沒有友軍的唯一戰士，他腦海中映出自己勾勒的一幅幅戰略映像：從每個有無感染可能的病人與來源，執行篩檢的位置與目的，企圖勾勒組合成一連串完美沒有漏洞的SOP，因為漏洞，就可能等於整個醫院的潰敗。從指揮官到前線戰士，從責任到風險，能用來扛起的只有他自己的肩膀，他預見，等待著自己的是一個遭烈焰全然燒盡，無生命力的自己。他腦中浮現一個故事，是古神話大戰中，人類貪婪自大觸犯神明，而引發災禍降臨，人們開始獻祭以求自保的劇情。

　　當瘟疫降臨人世，人類的發展史，也正是不斷諸如此類與環境相互動的過程；以精神分析的例子做比

喻，當佛洛伊德搭輪船去美國講學時，在船上跟友人說，美國人並不知道他們要帶去的精神分析是瘟疫。外顯上所要面對的新冠病毒，這不知在何方的神聖，由於它的位置不定使得我們被迫陷入不知身處何處的心理狀態並引發不知如何走下去的心情，甚至尤有甚者，對所處之地與能處之事產生了變化，可能如同背叛一樣的感受。

等他意識過來時，發現自己竟正在高速運轉，大量地在手邊數十頁的感控文件與電玩、零食之間來回選擇著，「吃下去」，咀嚼與翻找。有如喪屍一般。缺乏救援的感受使得他找尋攀附之物，他在喪屍電玩動畫的代入感中用這沉浸感覺沉浸了他自己，在他眼前同樣展開的，是同樣在黑暗中不知所措求生的體驗。如同喪屍般的行為，在零食、電玩、動畫中，他不停吞吃，直到再也吃不下了為止。透過Play，autoplay，彷彿如此可以在內心，藉此佔有或接近擁有某樣無窮無盡的感覺。

他想著，或許是，生命的去路，感受到被危險所阻斷了，而找尋替代的方式。無窮無盡地追逐，吞

食，一再尋找再現（representation）生命存在的錯覺的方式，一再再現而試圖確認與感受它（It）的存在。為了因應那已被擊破的安全防衛的錯覺，開始產生新的錯覺，此時讓生之本能沸騰，而讓死之本能被驅策，因應了感受上死亡與破壞的威脅。

爆炸性的進食，攝入過多而無法消化的樂趣，補充能量是一種為了增強防備的方式。在吃的過程中，同時有攝入融合、意圖破壞、逃避阻攔，種種的期望。像是一朵食人之花，它的開放，原是展現，一種為了生命的存在而消耗掉另一種生命的自然路徑，吃掉了原本的自己，轉變為看似強大而實則瘋狂的自己。

他想著喪屍這被人所創造出來的東西，如果喪屍是失去思考只會攻擊的狀況，喪屍可怕的原因是甚麼？是因為會受其攻擊？還是因為它們給人再現了一種本身已經死亡的感覺呢？失去了能被稱之為人類的東西？他漸漸發現，受喪屍吸引的原因，與他正一直思考喪屍的原因，是害怕或是已經發現自己成為喪屍的一部分，因受到危險的感染，而失去了心智，轉變

成癮狂追逐與消滅東西（電玩、食物）的喪屍，就像可能會消滅自己的病毒一樣。事情並非是當英雄或喪屍的選擇，也不是強大或弱小的區別，不論生存或死亡的結果如何，穿梭其間一致的是恐懼。對於喪失了生存的空間，他害怕不已，而成為「本能」的俘虜，被殺戮「感染」的喪屍。

在此之中，如何證明自己是活著的，跟喪屍是不同的，心智能力的運轉成為再生的徵兆。當心智運作，嘗試消化它們，如此產生了不同於被消滅的故事。消化，並不全然是消滅，是讓某種形式的存在變成另一種形式的存在，嘗試Being with。消化的生理形式是吃掉東西使其分解後重新組合變成生理組織，這像是接受了「消滅」的存在與進行一種轉換，產生一個具有意義的位置。這是種類似尋求填補自己的過程，也像可以說是找到自己殘缺的口補起來，藉此變得完整。

完整的自己是甚麼呢？自己是甚麼呢，難以一下子說清楚，但在此他想到有歷史性的建構過程，所謂認識的自己，是古老的存在至今，他接著想要尋找，

這轉變的古老意義。

　　相信並假設，這些轉變的過程，它們也是古老的存在，是外在瘟疫，讓它們從心中被喚醒。如同復甦一般，這種轉變像是被喚醒的，被想起的古老傳說，如同神話故事來自於心中掩藏著的失落、怨恨、與攻擊的願望。

　　他產生一種想像，這樣解答著自己：當災難來臨，人類寓言中的獻祭，乃是我有罪的莫名懺悔的轉移？獻祭乃犧牲他者，以結合攻擊與懺悔的方式達成。會有被獻祭的想法，可能是認為心中也有古老的原罪。為了要消滅災難，要消滅原罪。就像心中有一位神明，獻祭予祂，以自身的時間、殺戮、與人頭，滿足祂，人召喚祂，希望祂滿意人的表現，而祈求災難過去。當身心為了避難，為了帶來平靜而消耗掉自己，也自此誕生了心中的魔鬼樣貌，化為災禍。

　　當心中某種安定的存在消失，類似遭到攻擊而瓦解，建構的自己產生裂縫缺口，完整活著的錯覺因而消失。從撕裂血肉中找尋的，是對血肉的撕裂經驗產生活著的感覺，這嗜血有如飢渴的再現，傷痛召喚

跨出去　被一束黑暗，點亮起來

了古老的傷痛，因此也尋找古老的撫慰經驗。嗜血的象徵，令人聯想起奶水，這令人欣慰與悲傷的符號，這聯想讓人明白，在孤立無援的感受後面，是被拋棄的怨，是被吃人夠夠的恨。是所經歷的事物，感覺這些人世，拋棄了自己，使自己被迫面臨死亡的恐懼。無法感覺存在與完整，而回歸到嬰兒般的ORAL AGGRESSION狀態，或說是一種無法忍受不完整的可怕。

共存的錯覺 Illusion about being with

故事說到了尾聲，世界仍然運轉，有時會有著就像什麼事情也沒有發生，的錯覺。如果不仔細看，這段往事，就像不被提醒的時間的感覺，只是一直在心靈某處默默地站著。這些嘗試，有時存在，有時消退，有時想起，就如同一個位置，可以走來走去。或許是為自己，提供一些黏合劑，嘗試要在已經裂開的傷口中間，補充些血肉。透過這點，或許可以說明這是一種與之共存的錯覺。所找尋對此創傷的每一個觀

點，連接每一個想法，都是在這無邊無際的世界中，想尋找生存的方法。所找尋的每一個想法，都曾在個體心裡有一個故事，有一個位置，印記與它們的連結才發生了解釋的作用。我與非我，嘗試想與之同在。雖然有時明白是錯覺，就像血肉的接合有時只是瞬間的黏合但又脫落下來的可能。但在撕咬過後，使用心智上的接合，已有其難得的重要性，是生命繼續存在的證明。

　　人類的心智，或許可說是爲了消化這種殘酷而存在的器官。心智試圖消化所謂生命和環境帶來的影響，情緒是轉化了能量而成爲的動能，儲存了生命的使命而存在。當過多的能量湧入個體導致不平衡，失去了原有的鍵結，是謂之創傷的發生，在一種本被倚靠的鍵結上發生斷裂，無論自戀、幻想、概念、理智、信賴關係，皆是生命能量能穩定灌注的方式而形成一種鍵結，如同生命起初的存在方式是分子鍵結那樣，氫鍵結了氧形成了水。但生命既定的方式，鍵結，產生一種固著的法則，也可能如同枷鎖般鎖住了生命的走向。

跨出去 被一束黑暗，點亮起來

當心智運作之時，從生死之中產生而能保護血肉連結碎片的錯覺，當心智不運作之時，就也像母親不存在，孩子走向滅亡。英國精神分析家Winnicott提及，面對嚴酷的外在環境，母親需要有製造錯覺的能力，且是需要錯覺才不會被現實所淹沒而才能走過去，才會有信心。然而結論並不是以事後結果來說，好像已如何成功度過困難了做結尾，而是讓透過這些論點與事例所依附的看法，來嘗試思索在那未知的時刻所變化的意義與目的，做為本文討論的焦點。後續若有更多時間，仍值得繼續探究，如本文所稍微提及的神話、內在神明，所謂安定的錯覺，所帶來的信心是什麼，其和人類文明所觸及的造神行為間的關聯為何？之間的差別和相同是什麼？

第11章

透過幻覺（hallucination）的細縫，被一束黑暗，點亮起來

陳建佑

從前述的錯覺（illusion）相關的論述，我將再加上從幻覺（hallucination）的角度，來進一步說明疫情下的過度反應。我會先說明錯覺（illusion）和幻覺的差別，以及在疫情下的壓力如何讓人的反應是不可思議？

疫情下由於心理潛在的過度動員，連最底層的心智反應，也就是那些屬於「原始」層次的內容，被召喚出來，那是如同孤島般孤單的心理碎片，我從分裂的碎片、部分客體（part-object）、部分特質的角度來談，這是人認識自己和其它人事物的基礎。

至於幻覺，是無中生有，是難以從「現實原則」可以理解，在面對這些重大不可知的處境時，更容易

出現的退行；或者是一直存在，只是變得比例更大了。我先引用英國精神分析家Bion，對於生命早年創傷下，人如碎片般的經驗做為想像的起點。面對未知，除了科學的能力外，還有很重要且必要的忍受未知，不會採取過度行動的能力。

如果如大家所見的，病毒帶來死亡，是由於防衛體系免疫系統的過度動員所致，因此需要的可能不再只是，以positive為主的動員，而是需要如Bion提出的negative capacity。他甚至類比表示「被束黑暗，點亮起來」（illumination by a beam of darkness），我將試著說明，如何透過這些概念做為觀點，來觀看另一種能力，等待的能力。

門診的個案談著，家人與自己的防疫標準不同，而發生數次爭吵；這樣的情緒、爭吵的動機從何而來？

1. Representation

從生物體內產生並影響思維的刺激，這種刺激的

精神再現（representation）稱爲驅力（drive），也作爲與身體的聯繫而使思維（mind）有工作需求的衡量方式。有兩個步驟：將身體的感官興奮轉爲精神的再現物（psychic representatives）像是聽到雞腿這兩個字，在腦中浮現雞腿的圖像、味覺或嗅覺等記憶；第二步則是從過去的記憶庫裡找尋這個新的刺激的資料，進行比對。

思維必須將這種與他既有的再現溝通過程中，所遭遇的挫折情況轉化掉[1]：意思是，每個感官不僅然會與第一種被記得的一模一樣，卻又活生生地不斷襲來，面對這種既熟悉又陌生的感覺，思維得承受猶如第一次從感官那裡得到刺激，並且形成再現的艱難，以持續與外在現實溝通。我們假設這個第一次，是嬰兒來到世上，初嘗乳汁的感受。

在Winnicott的描述中，嬰兒的自我在尚未形成以前，母親可以提供以下這兩種功能：身體上的照顧，以及協助在他感受立即的本能經驗時的命名；讓那些一片片被拼起來的命名與經驗，搭起一座橋樑，從真實世界的感官經驗到內在世界的情感經驗，藉此

  被一束黑暗，點亮起來

建立整合的自我功能與客體的概念——這裡體現了母親功能，抱持（holding）的重要；在這之中母親的自我可以完全爲嬰兒所用，這是生命早期最美好的幻想。但真實世界是不可能存在完美不間斷的母親功能，嬰兒在面對媽媽暫別的時間，需要有其他物體代替，並再現母親的抱持功能，這個是由嬰兒的內在世界創造的，但又具有真實世界物體特質的過渡客體；除了可以滿足、欲望或幻想，它也提供了非我（not me）的概念，就像是嬰兒認識真正客體的前置步驟，而它也是嬰兒內攝（introjection）了照顧者抱持能力以建立的框架結構（framing structure），象徵著母親的臂膀[2]。自我在發展的過程，無可避免地在遭遇前面Freud描述的挫折時，會懷疑初次對於乳房這個物體呈現的處理與再現的真僞，猶如一次次懷疑「是否之前我所經驗的是錯覺？」，而內在建立的良好結構，或許能支撐自我在這一路上，走過這種恆常的挫折；相反地，這種感官與精神裝置都未成熟的狀態，若遭遇過多的挫敗，將會讓這個真實染上不真實的錯覺、甚至幻覺的色彩。

個案覺得，家人如果沒有依照他要求的方式作好回家後的清潔動作，很有可能造成感染。

2. Illusion vs. Hallucination

定義上，幻覺意指沒有感官的刺激，卻引發感受的現象，例如身邊沒有人開口，卻明確聽見說話的聲音，甚至清楚有條理的內容。幻覺的現象，是說明主體力比多面對失去客體灌注的反應；創造出的幻覺，可以讓這個失去目標的灌注再次得到方向。這裡的幻覺並非等同於失去的客體，而是具有某些特質，讓力比多可以再次作用。

面對疫情帶來重大不可知的處境，猶如思維面臨過大的壓力，容易出現的退行（regression），幻覺是其中一種形式，此時主體相信的是不存在的幻覺，現實測試（reality testing）的能力不再是主導，這說明思考的能力已被癱瘓。其中正性幻覺（positive hallucination）是充滿素材、活靈活現地明指暗喻著失去客體灌注的情狀。而若是我們把思考也看作一

種感官，那麼此種感官的幻覺會如何表現呢？

　　驅力雖然是心理活動的根源，但若身體遭遇緊急狀況使得驅力過載，此時這些驅力的衍生物必須被送回潛意識，因為放任它們自由拓展會癱瘓精神結構。佛洛伊德在《回憶、重複與修通》描述，將驅力導入潛意識的結果是，某事缺席了，而這個「缺席」在日後則形成一則對自己的思維。這是一個行動的失憶：當忘記之事被再次碰觸，在移情中以行為、而非言詞的形式再現，此時，說話者渾然不知其所失落與消失的，這個缺席的、失憶的思維；但它構成一個基礎事件、一個「負向」事件，就像我們說「負向」的幻覺：當幻覺從現實生活中割離出一個客體或一個片斷，來抹滅它們[3]。

　　我們當然可以像極權國家一樣，槍斃或隔離不守規定的人，如同自我選擇潛抑無法承受的情緒一般；然而民主的價值選擇尊重各種聲音，因此勢必要承受在面對現實與我們所希望的不同時的痛苦。

3. Regression as a sign

個案不是以回憶、而是以行為的形式重演他所忘記之事，在這個過程中，自己對所忘之事的思維與此事一同缺席；與外界、與人的關係成為一個行動的失憶，只有行為且行為者未能意義。

思考能力被癱瘓的狀態，與其說是心靈變得破碎，難以整合地行使功能，更貼近的說法是，這是曾經位於主導位置的原始心智狀態，因為疫情帶來的壓力導致身體的驅力過多地讓思維不堪負荷，而被召喚出來的。

比起Winnicott的想法：原始狀態是片片斷斷（image torn into pieces）的，Green認為在退行至精神病性的（psychotic）狀態下，思想及其最為原始的表現pictographs被摧毀的方式，是抹逝（blot out or fade）並造成思維（mind）中的傷口，製造再現的出血、沒有傷口樣貌的痛，就只是一個空白或者洞的狀態。Bion提出beta-element的概念，就像是思維的黑洞，會吸引並摧毀思想，重演著

被一束黑暗，點亮起來

再現能力的毀滅（re-enacting the destruction of the capacity to represent）。因此整個思想既是被抹除的、或者被片段地留下的。如Bion描述的，精神病症的患者的思想是有順序（sequence）但它們忽視關聯性（consequences），在此穩固的連結是喪失的，這樣失散的思維碎片如同孤島般孤單$_2$。

即使這些過程是孤單且不適的，在其中的個體能做的，是試著理解它們如理解帶來這些情緒的人們，象徵著盡力面對自己不喜歡的情緒。而這樣的盡力，會伴隨某種專注或使命。

4. Negative capability as a approach

現象看來，感染病毒導致死亡的機轉，會與體內免疫系統過度動員有關，這也像是上述思維被癱瘓的過程。在面對這種未知（我是否會染疫、我是否會失去生命）所帶來的情緒，能夠按兵不動，是相當困難的，特別是在這之前還有兩種選項：潛抑這些情緒並且再現為對於外在事物的控制，或者摧毀會帶

來相關感受的任何外在事物。這些都是相當positive
的精神活動，然而這也很可能不小心就成為了思考
的幻覺。面對與死亡如此接近的思維，像是重回心智
發展尚未成熟，因此有許多對於自我、對於外在世界
的認識，被以beta-element的樣子被記下來；然而
這種思想被抹除、或者被片段地留下的原始情境中，
任何積極的作為都會如進入黑洞般被摧毀，導致再一
次重演無法消化這種未知的困境。在討論到如何接近
這種未知，Bion提到了一種負向能力：一個人有能
力處於不確定、神祕、懷疑之中，並且不帶任何憤怒
地探尋真實與道理。（a man is capable of being
in uncertainties, mysteries, doubts without
any irritable reaching after fact and reason）
（Keats, Letter to George and Thomas Keats, 21
December 1817, quoted in Bion.(1970) Attention
and Interpretation. p. 125）. 他甚至類比表示「被
一束黑暗，點亮起來」（illumination by a beam
of darkness）。

　　佛洛伊德在〈論幽默〉（Humour, 1927）一文

裡提到，幽默是重要的父母功能職責，這種態度關係著如何消化外在環境後的險惡，給小孩一個中間的屏障，讓小孩可以不被現實淹沒，而依然能夠活著和活下去。可以想像這是沖淡上述面對未知的挫折與恐懼，在父母發現小孩在理解現實之際，思維僅能給出的一種答案、甚至是上面描述的幻覺時，這些所說明的情緒。因此分析師如父母，或反之亦然的聆聽，先決條件是理解顯意；接下來，則是想像話語：不只是想像它，還包括想像的維度在理解的分鏡中，以不同的方式解釋這種話語中隱含的東西，或者說，去理解「幻想及情感經驗，與理性邏輯的規則」這兩者交織互動的過程。下一步，治療師透過喚起其他治療片段，解構（unbind）這個連結的線性順序：最近一個（或許在上一次的治療中提到的）沒那麼近期的幾個月前，以及更早以前的（例如在剛開始分析時的夢境）。治療師必須是分析歷史的檔案管理員，從他的前意識記憶搜尋紀錄，為此，他會在思維中時時刻刻召喚那些聯想。這種「連結—解連結—再連結」的過程，是神遊能力（reverie）的背景[4]。

面對空無一物的負向幻覺，以及覆蓋在上方的錯覺或正向幻覺，不再嘗試用更多的positive去接近，而得要藉由負向能力，在什麼都不知道的黑暗中神遊。藉著這個「連結—解連結—再連結」的能力，我們再嘗試從一開始主體間的連結，例如嬰兒與母親的、免疫系統與病毒的，轉為內在連結，或說就是內在心智的連結，可以用不同方式連結不同元素，以建立一個可被思維所用的訊號系統$_6$；回到心智最原始的無明，不急著以光亮（文字）照進黑暗，畢竟在那裡，去想像曾有失落的文明，並重建的企圖其實是毀滅——荒原就是荒原。

　　在一開始「自己會因此染疫」的擔憂，不再是唯一說明這種情緒的事實，還有的是「因為身邊的人染疫了，而失去他們」的、回到內在世界「因為無法承受自己的某些情緒，而切割掉並且從此難以感覺完整」的擔憂，在這內在或外在的民主裡面，即使痛苦或孤單，像是與這個群體、與完整的自我建立了連結，仍有可以延續下去的思考與愛。

跨出去 被一束黑暗，點亮起來

References

1. Freud, S. (1933). New Introductory Lectures on Psycho-Analysis. S.E. 22.
2. Green, A. (1997). The Intuition Of The Negative In Playing And Reality.
3. Michel Gribinski. 《不完美的分離》葉偉忠譯。五南(2009)
4. Urribarri, F (2018). The negative and its vicissitudes: a new contemporary paradigm for psychoanalysis. André Green Revisited, Representation and the Work of the Negative. Routledge.
5. Green, A. (1973). On Negative Capability
6. Green, A. (1998). The Primordial Mind and the Work of the Negative.

第12章

面對病毒，「部分客體」（part-object）的原始性是什麼意思呢？

王明智、陳瑞君

　　疫情平穩時，乍現的疫情變化，常是事後出現如何做才更理想，就不會有此刻的危機了。這種理想化的期待，幾乎不可能只要求大家不要如此完美期待，我是試圖說明，這些理想化期待裡，嚴苛心理的由來。當我們說，某些事涉及超我的理想和自我的防衛，而呈現出來的嚴屬反應來說，那不再只是意識層次的理想內容，而是那些主張有著更原始的人性特質。我由此引進精神分析家M. Klein，她的paranoid-schizoid position概念，做爲思索的起點。

　　對「完整客體」（whole-object）的理想化，和對原始的「部分客體」（part-object）的部分特

跨出去 被一束黑暗，點亮起來

質的理想化，兩者是有所不同。如同病毒般微型機構的入侵，激發人要保護自己，卻讓自己被過度自我防衛的細胞淹沒了肺部，反而更接近死亡。那是它的意志或誤解？如同在形成某項防疫政策的過程，如果過度防衛對於人性是挑戰，是否反而適得其反？但這不是三言兩語的難題。

依著我們經驗的實情觀察，如果強調佛洛伊德的自我防衛理論，是以如父母和嬰孩三位「完整客體」概念下的情結，那是針對歇斯底里等精神官能症，但我們覺得這無法充分說明，我們正在經驗的現象。雖然在面對這種情境時，有人以如起乩或如乩童般發作的描繪（常被說是歇斯底里的反應），但這說法隱含的只是針對完整客體、完整特質或完整資訊下的描繪。但我們面對新興病毒，是面對著「部分客體」或「碎片」的反應，這需要引進其它的思考……

我們嘗試以深度心理學來思考當中的可能性，雖然我們也不認為這些觀點直說了就有用或能被了，但至少這是我們想像的起點。

在2021年7月大塊文化重新出版了卡繆在1947年的《瘟疫》一書，在70年前的小說場景，雖是鼠疫，不同於今日的是以病毒傳播的疫情，是肉眼不可見的病毒，其所帶來的惶恐不安的災難感，如同書中主角李厄醫師在最後一頁所留下的話語（346頁）「瘟疫的病菌永遠不會死、不會消失，它會在家俱和衣物內潛伏數十年，它會在房間裡、地窖裡、旅行箱、手帕紙張裡耐心等待，等待有朝一日瘟疫再度喚起老鼠，送牠們到一座快樂的城市裡赴死，讓那裡的人們再次受害、再次得到教訓。」

　　回首看到這70年前留下的支字片語，卡繆的經典書籍是跨了時代、箴言也被留在泛黃的書頁裡，「沒有想到的」的是，病毒也跨時代的再次傾巢而出，我們沒有想過的是當年杜撰的小說，卻會成為是當今國際共同力抗的疫情的寫照或紀實，面對集體的災難，一樣的會出現所謂的正義者、反抗者、投機者或打擊士氣者，在七十年前的《瘟疫》一書裡有，在七十年後的現實世界裡也還在同日上演著。

　　本書譯者在後記的標題為「時光擋不住的恐懼，

被一束黑暗，點亮起來

舉世處處奧蘭城」（p347），我想這個題名很符合本小節的意旨，所謂那些「時光擋不住恐懼」是情緒生活的時光流，這不只於災難的此刻，在Klein的重要觀點裡，情緒生活的理論早是從嬰兒心智的第一年的生活裡就逐步的發展，在生命早期，嬰兒經驗到的內在與外在的經驗，是最早焦慮的來源，同時，她特別也強調是日後的焦慮情境提供了基本理解的形貌，不論是當中的焦慮、引發的防衛，必然的都影響到嬰兒未來與外在世界的最初關係。

一、情緒生活是認識世界的方式

Melanie Klein相信在嬰兒新誕生到一個新的世界後，是充滿生存焦慮的，基本上因為死亡本能（death instinct）的內在運作機制會從一出生就開始，使得嬰兒主觀的內在世界裡經常感覺到外在的剝奪及攻擊，另一部分，則是由於在生命剛開始時，與母親的關係是建立在哺餵的基礎之上，不論是嬰兒口腔-原慾或口腔-破壞的關係都會直接導向母親的乳

房，因而，此時的嬰兒是外界是以「部分客體」的方式在認知，尚無法將母親以完整客體的方式來看待。

因此，出生之始生之本能與死亡本能的焦慮，也如同新冠疫情時代人們重新認知到生死交關的瞬間感受，即使每日的疫情資訊都在更新，也逐步加入不少科學實證的研究，政府希望透過公開、科學理解及每日追蹤的方式向民眾顯示對於危機掌控及政策配套的信心及決心，然現象上這些穩定民心的方式及作法，似乎不難讓我們觀察到的是人內在心裡的內涵及運作的複雜程度是既古老而長遠的，幾乎可以追溯回古典克萊恩的理論中，重新省視在誕生褓褓初期那種對外在環境惶惑不安的引信，又再次在外在環境的環伺威脅下，逐漸的引爆這潛伏於古老嬰兒時期的情緒生活被啟動，也可以說，當年的嬰兒與部分客體（乳房）在原慾與破壞性的交織的原始幻想中，再次又被誘發了迫害與被滅絕的恐懼。

老守衛回答：「啊！倘若是一場地震就好了！一陣天搖地動就結束……清點一下死亡人數、生還人數，事情就完了。但是這該死的疾病！就算沒染上的

也時時刻刻掛在心頭。」《瘟疫，p.145》

疫情再起，病毒與人民持續一段時間的對抗之後，人們會感到病毒所拋擲出來的是一系列受到獨裁者統治及侵略的警告性回憶，得要逼個人停下既定的軌道及腳步，不論是對此病毒的霸權採取抗議或忽視的行動，仍然無法改變其殺傷力及迫害感，他環伺在四周迫使人們要時時經驗到與所愛的人分離、努力經營的穩定生活也會慘遭無情的吞噬或奪走。

病毒帶來的死亡威脅，活化了克萊恩學說中生命早期嬰兒所經驗到的死之本能的侵擾，那種四面八方無所不在的懼佈，顯示出嬰兒的無力應對。

這時候內在幻想要動員極強的力道反擊；戰或逃是最基本有力的保護機制。

戰鬥的部分希望可以把病毒／敵人／迫害者殲滅，逃則是感受到危險癱瘓了原本的生活步調。連結戰或逃的還有全能感，產生一種無所不能的感覺，認為會有救世主出現，或者救世主就是自身，乃至於無所畏懼，甚或否認了危險的存在。不也是一種自欺欺

人的逃遁？

　　在期待救世主出現氛圍下，獨裁者的興起變得很有力且很具吸引力；相對來說，民主體制對於現實（reality）與真相（truth）的面對以及多元聲音的思索與整合變得非常惱人。

　　而觀察到群眾在疫情之下分裂爲各種反應及樣貌，焦慮像是自帶油桶的火把，再如何公正客觀的數據資訊、再神準的科學追蹤與預防、再多的安民政策，在實事上我們觀察的到，對部分的群眾而言，這些掌握與安排都不是提來一桶與一桶的水柱與乾粉，而是一滴滴讓焦慮火把延燒的油，更多的資訊帶來更多值得被關注的焦慮、更多的說明激發了更多失控的破壞力。

　　這種破碎的心理狀態受到威脅及恐慌而變得更爲裂解，如同在Klein的論述裡表示，嬰兒從出生到大約四個月左右，會是由偏執一類分裂位置（paranoid-schizoid position）所主導，這個時期的嬰兒認知母親是部分客體，而不是完整客體，由於

  被一束黑暗，點亮起來

偏執—類分裂位置（paranoid-schizoid position）面對焦慮的處理方式會以分裂及投射機制的使用為主。

在面對危機狀況時，分裂及投射的機制使得客體和自我被分裂成許多更多更細小的碎片，壞的自我和客體會使得客體在此經驗到如同當年那個壞的乳房—經驗到會挫折他、迫害他的乳房—是會剝奪他、充滿憎恨的母親，原始的情緒狀態便會在新的危機中再度復甦。

這種心智形勢（position）是將那些破碎的情感經驗，投射為迫害他的部分客體，再啟動戰或逃的防衛加以應對。我們的原始心智所面對的，也像是新冠病毒激起巨量的免疫反應，導致身體無法承載而死亡。

此種主體自導自演的原始幻想，表面上雖是為了讓自己好過些，實際卻會製造出更多破碎的迫害妄想。除了變得暴力之外，讓人更擔憂的是對事實真相的不願意看見。

內在心智宛如充斥著漫天橫飛片片段段的假消

息；無法窺知全貌，只看見如部分客體般破碎的妄念，再透過幻想以及分裂機制加以擴大，宛如一場激情與死亡的狂歡。

對事實的無法看見，除了產生暴力攻擊之外，還有一個更大的危險就是沒有辦法實事求是地思考，以產生符合現實原則的決策與行動。

二、理想化與迫害者

當感受到愈多的迫害焦慮，分裂的機制也會愈為旺盛，如同在早期經驗中嬰兒處理生存壓力的情境一般，為了處理強大的恐懼與迫害感，嬰兒愈需要將好的、壞的客體分裂開始，因而產生了極端的好——內在產生了極度理想化的自我或客體，這是基於被保護的需要，理想化在此種狀況下會成為是一種對抗焦慮的手段，使得自我變得膨脹、全能自大（omnipotence）藉以控制並讓人受挫、從受迫害的情境中逃脫出來。

在疫情期間民眾對於現實狀況的關注是自然的，

  跨出去 被一束黑暗，點亮起來

然而實際上依然不難觀察到在眾多的民情鼎沸中，有一類人在思考疫情的狀態時較難貼近現實上的限制，彷彿這更落入了受害的情境中，反制的方式是站在以理想化的超然觀點在批判或謾罵時局的作為不足，用更為理想化的方式來消滅或攻擊底層那不安威脅的感受，又或者，另一面則是過為樂觀的相信這些擔憂是多餘的，不相信所謂的共同保護機制是相互依存的，所以也不想要依賴、不想要感覺威脅感或矛盾、也不認為客體有多重要，他不需要依賴亦可以過的很好。

這是除了全能和理想化之外的另一種衍生的方式，即所謂的「躁症防衛」（manic defense），在Klein1935年的〈躁鬱狀態的心理起源〉一文中提到「在此時期衝突的來源是自我不願意也不能放棄好的內在客體，卻又努力想逃離依賴好和壞客體的危險……，妥協結果為否認好客體的重要性與壞客體以及本我的威脅危險。」（Klein, 1935, p.277）

躁症防衛是許多防衛機制的綜合反應，通常包括了以下幾種方式：（1）否認（denial），即否認精神現實的威脅感、否認所愛客體的價值與依存的重

要性，（2）輕視（disparagement），即輕蔑所愛客體，因此就此失落了也感覺無損太過，（3）控制（control），要一直控制、貶損客體的努力，透過把他人的重要性降級來拋卻客體關係的影響。

最為典型的躁症防衛的例子是新聞上有名的新北方唐鏡。

有一名40歲的張姓男子在今（20）日上午7點多去新北市中和區國光街的一間超商影印，店員見他沒戴好口罩便勸他「請戴好口罩！」張男聽見勸導也沒理店員，後來店員再說一次，「口罩請戴好，不然請出去！」張男依舊不以為意。

隨後，張男結帳完離開櫃台後，到超商門口對店員嗆聲說，「我拿下（口罩）來啦！」還在門口多次來回跳來跳去，大喊「我又進來了！我又出來了！我又進來了！我又出來了！打我啊笨蛋！」店員被挑釁後憤而衝上前去，張男立馬開溜，兩人一路衝到馬路上，張男持續大嗆店員，「我沒種，對啊，我沒種，我就是沒種，怎樣啦」。

 跨出去 被一束黑暗，點亮起來

他表面的無所畏懼，公然藐視防疫的設置，視之為對全能自大的挑釁。其行為所創造的勝利感，是為了否認疫情帶來的限制與失落。

主體如何消化防疫禁令下的憂鬱，並在內外困乏對自戀的威脅中，保持一種可以富於彈性與平衡的蝸牛慢走智慧。（譬如無法出門就多陪家人，收入驟減就趁此釐清消費與生活的優先順序）。

Reference

Melanie Klein (1940). Mourning and its Relation to Manic-Depressive States International Journal of Psycho-Analysis, 21:125-153

第13章

從「基本假設團體」（basic assumption group）探索兩極化的群衆反應

蔡榮裕

對於疫情平穩下，乍現的感染案例後，群衆所出現的獵巫式反應，除了前述從「個體」的深度心理學角度出發，尋找可能的心底謎題外，我在本文則是從精神分析家Bion的說法出發，我針對他對於「團體」經驗的描繪，來談論在面對兩極化且撕裂的人性反應時，我們是主張那不再只是屬於一般說的，歇斯底里反應的精神官能症層次的課題。

如前面三位講者所說，以歇斯底里的反應來描繪，是不足以說明了，而是有著屬於更「原始」的心理機制。不過我是要從「團體」的角度出發，Bion發明了「自戀」（narcissism）之外，還有「社會戀」（socialism）來說明，兩者是同一輛馬車

跨出去 被一束黑暗，點亮起來

的前後兩匹馬一起往前走。這些論點讓我們可以從「個體心理學」走向「群體心理學」時，有基礎概念做為基石。另他提出了「基本假設團體」（basic assumption group），那是描繪團體從「原始」狀態，到可以一起合作工作之前，會經歷的深層心理破壞力。他以依賴（dependency）、打帶跑（fight-flight）和配對（pairing），這三項要素來分類團體經驗的深度心理學。

本文除了說明這些基礎外，將進一步從這些觀點，來觀察疫情下群體的反應。但要了解這些概念，是需要前面三位報告者的論點做基礎。我們所提出的論點，不再只侷限在佛洛伊德的觀點，而是將近代的精神分析論點帶進來，做為觀看的角度，雖然離要真正完全了解人性仍有長路。

我嘗試以多種情境來呈現我的論點，我要說明的內容是個簡化的框架，但不希望是把眼前發生的事情給說死了，好像只是下個診斷，貼個標籤，希望是引來更多思考和想像的起點。

第一種情境

　　目前新冠病毒疫情裡，從完全不知敵手底細下的生死交關，到目前略知一二，但更多的二三是仍不確定的，仍是需要邊走邊看情境（包括科學研究的數據以及集體心理的反應）。這是重大的生死相關，而且是敵手未明，我們只能觀察而透過有限的資訊來過著日子，如果說要談信任，這涉及的不再只是現實層次和科學理性邏輯下的信任，而是更深層的心理學是什麼？我們如何去想像？雖然不相信醫學機器和數據者，臨床上常見的慮病症者是相當典型的，可以用不夠相信而打敗一切數據的人。那麼，我們談論的「群體免疫」會發生什麼事呢？

第二種情境

　　是和佛洛伊德比較有關的。我們的觀點不要只是在原本已有的以榮格的「集體潛意識」，或佛洛伊德對於精神官能症，如歇斯底里、強迫症、慮病症等的

  **跨出去** 被一束黑暗，點亮起來

描繪，和「伊底帕斯情結」有關的說法了，這是古老的概念，臨床上仍是重要的，但如果仍只以「直線式的因果關係」做出結論，這種說法是不夠科學了，或者說不夠精細了。

將眼前複雜的心理課題，很快就跳到伊底帕斯情結，以及和其相關的sexuality，那麼這是否只是說說而已的常識，卻是難以發揮臨床效用？臨床經驗因焦點不同而有所調整，甚至如果只從sexuality來了解infantile sexuality，而不是從infantile來理解infantile sexuality，那是容易變成以「成人式的性」，來理解佛洛伊德的「性學」sexuality論點。

Infantile在概念上，是接近佛洛伊德常說的原始（primary, primitive, primal…）所代表的情境。而這些語意的情境，是較接近英國重要精神分析家比昂（Bion）後來所說的，人格裡的「精神病」的部分（這不是等於精神分裂症，而是任何正常人的人格裡都會有的「部分特質」，也就是常說的人都會有的「原始特質」）。另外，以佛洛伊德談夢的最基本動機是infantile wishes，一樣的，infantile

才是重點。雖然常想從wishes著手來了解infantile wishes，是容易被解讀成以成人式或現實取向的wishes，而失去了深度心理學的意涵。

　　因此從infantile sexuality談起，但是焦點改在infantile，才能不同地理解sexuality，是如何不同於青春期後的性？甚至是不同於「伊底帕斯情結」底下的「完整客體」的愛與恨，或性與死。從比昂所說的原始或原始的心理碎片（fragments）的經驗，如何能夠走到「Oedipus situation」（伊底帕斯情境），讓「伊底帕斯」可以在這「伊底帕斯情境」脈絡裡，發生「伊底帕斯情結」的故事？

　　很多創傷嚴重的破碎生命經驗者，一直在破碎的「部分客體」經驗裡，無法走到「完整客體」假設的和完整父母的三角心理關係。因為一直在碎片裡，這是如原始經驗或精神病的經驗，如克萊因的理論所描繪的，嬰孩的嘴巴和母親的乳房之間的「部分客體」的關係。

跨出去 被一束黑暗，點亮起來

第三種情境

是克萊因之後，例如溫尼科特（Winnicott）和比昂等人，他們的臨床和理論對於未來的貢獻是巨大的，今天在只把焦點放在比昂，尤其是他的群體的概念，一群人如何成為可以合作，可以一起工作的「工作團體」（work group），會經歷的「基本假設團體」（basic assumption group）的三個因子，會如何破壞「工作團體」的形成，而這我們要用來想像，「群體免疫」的概念在難行之處，深度心理學的思考和想像是什麼？我們只是說想像和猜想，我們不想太快就說成什麼結論和知識。

第四種情境

何以我們主張「伊底帕斯情結」，如果只是聽個案說了半小時或更短時間的人生故事，我們就可以很快歸結出，他有伊底帕斯情結，這就意味著隨著伊底帕斯情結的常識化後，它似乎失去了深度心理學的可

能性了？好像不再需要經過曲折痛苦的尋找，就可以做出結論有伊底帕斯情結，而導致後來出現了什麼問題？我們認爲這是深度心理學的發現，日常化或平庸化後，不再是壯麗的人生之旅和重要發現了。這是重要語詞在日常裡的可能命運？但是這種情況的出現，可能是後來的人未再強調，其實要走到伊底帕斯情結，是經過內心複雜的心思過程，這個過程的探索才能讓伊底帕斯情結的概念再度活起來，以新的創意和解讀，繼續活在概念的世界，並有著它值得被思考的價值。

第五種情境

這需要對於第五種情境有所初步的主張，想像讓前述可能得以發生的情境。以比昂的經驗（他的臨床經驗是精神分裂症個案的分析，是比目前臨床上常見的「邊緣型」個案更困難的處境。邊緣型是指在「精神病」（psychosis）和「精神官能症」（neurosis）之間，一群複雜多元的個案群，做爲群

體他們大都有憂鬱，有著生不如死，有著輕重不一的傷害自己，但還不是臨床上被歸類在「精神病」裡的「重度憂鬱症」（Major depression）。

這些個案群在臨床上，是過著破破碎碎難以整合，或者以某種難以了解的方式，整合而過著自己的日子。他們大都是處於有可以命名的恐懼不安裡，但有著更多覺得不知為什麼的謎題，呈現「無法命名的恐懼」或「沒有名字的恐懼」（nameless terror）是他們的日常。

引介比昂的「基本假設團體」因子

接下來直接介紹比昂的基本假設團體的概念。直接的想法是，除了佛洛伊德從精神官能症層次，較接近現實層次的論點外，我們再提供另一個高倍數的望遠鏡或是顯微鏡，也許更貼切些，因此為就是要在目前充滿不確定性，且生死交關的零散破碎知識情境下，我們直接要注視觀察生命早年的經驗裡，那些被以原始的（primitive, primary, primal…），與嬰

孩式的（infantile）來稱呼的領域。

如前述，這是「部分客體」或「部分特質」看待他人和自己的狀態，也可以說是這些殘留下來，成爲一般人都有的，人格裡的精神病的部分。這些因子會不自覺卻很有力度地影響著此刻，例如疫情下的「群體免疫」，如果這個概念可以成功，意味著群體是有著比昂所定義的「工作團體」的特質，不是每個人想法一樣，而是可以在差異（difference）裡，讓困難（difficulty）減少而合作地成功達成群體的目標。

這些「前」伊底帕斯經驗，是比昂所說的，在受苦裡建構著「伊底帕斯情境」，讓走向「伊底帕斯情結」可以發生。一般將「伊底帕斯情結」當做是問題所在，其實相對於這些原始性的心智，伊底帕斯情結可以發生，是某種程度的成熟，這也是何以佛洛伊德把這情結和「精神官能症」相連結，而不是和「精神病」做連結。而變成群體成爲可以合作的「工作團體」前，如同從破碎經驗裡走著「伊底帕斯的情境」，個人會經歷著至少三項「基本假設團體」的過程。

這些經驗可以簡略地說成：一群人在一起，不論相識或不相識，要能夠一起合作，並形成有效的工作的「工作團體」之前，大都會經歷一些破壞因子阻礙；一群人可以好好合作，而且這些因子都是潛意識運作，而且都是很原始的動力，也就是具有精神病特質的動力，潛在地充滿著莫名或無以名之的多疑不安，與走向死寂的動力。也就是現象上總是讓人覺得不可思議、無法以現實原則來衡量「這是怎麼回事」？

這些潛在運作的因子，比昂歸納出三種現象：「依賴」（dependence）、「配對」（pairing），和「打帶跑」（fight-and-flight）三項因子，我以自己最近的新書《內心荒涼地帶起風了》（無境文化出版）裡，〈把內心風暴的瘋狂逐漸轉化成微風：268想想〉這章裡的相關說法做為材料：

82.分裂機制和投射是常被運用的心理防衛機制，重複不斷的二分，直到如同碎片般難以整合。不

是一般想像，只是一層二分，而是在各個地方不斷二分，直到碎片般，使得碎片之間遺忘它們是來自同一個起源。尤其是早年經歷嚴重心理創傷的個案，二分兩極化一直是現在進行式。也許可以回推的是，愈是碎片模樣難以整合的，就是原本創傷是更劇烈，而帶來強烈的無助感、無力感和無望感。

91.基本假設團體的三項因子，都是帶有潛在破壞力的因子，不易被察覺。關於依賴、配對和打帶跑，依賴是指內心深處依賴有強力的人，可以帶領著團體往前走，尤其是在覺得團體陷在沈滯狀態時。只是這種依賴並不全然等同於一般想像的，有生產力的依賴，而這是指帶有破壞力的依賴。當事者常不自覺自己有依賴誰，因此當我們想要說明，讓成員知道時，可能面臨成員不了解的反應。

97.基本假設團體因子裡的配對，會讓成員相互隱隱地形成結盟，相互對立和相互掣肘，讓團體很難一起合作完成某些任務，表面上可能在意識上找得到

跨出去　被一束黑暗，點亮起來

某些理由而相互爭議，乍看像是因為某些理念的差異而爭執或結盟。也可能是這種配對的因子，影響團體成員間進一步的合作，難以形成可以有效工作的團體，甚至處於某種分裂的邊緣狀態，而難以完成某些被期待的團體工作。

99.打帶跑的因子在團體裡呈現的現象，是有成員可能對領導者或其他成員感到不滿或有意見，表現方式常是以帶有攻擊或諷刺方式提出意見或批評，但是說完後就常是不再反應，對於被他所攻擊的人想要進一步溝通澄清，成員卻說只是說說真實的感想，或說只是隨意說說想法而已，宣稱並沒有其它意圖，使得覺得被言語攻擊的成員處於挨了悶棍，卻難以進一步澄清而更不舒服的狀態。

129.還有個重要的概念是，觀察和探索群體的反應時，三個基本假設團體因子出現在某個成員時，不必然就把問題說成只是那位成員的個人問題，而是主張「群體做為一個整體」（group-as-a-whole），

是指某時候明顯出現某項基本假設因子時，我們是傾向假設，群體裡每個成員對於那些因子的出現，都有或多或少的貢獻，因此可以說是集眾人之力，促成那些基本假設團體因子的出現。

註：這是2021年臺灣醫療人類學學會年會學術研討會（以視訊方式進行）
疫情下的錯覺（illusion）與幻覺（hallucination）：精神分析的論點是瘟疫或是良方？
（主持人：蔡榮裕醫師）
1. 劉又銘醫師：信心和造神之間的差異，如果兩者都需要錯覺（illusion）？
2. 陳建佑醫師：透過幻覺（hallucination）的細縫，被一束黑暗，點亮起來。
3. 王明智心理師、陳瑞君心理師：面對病毒，「部分客體」（part-object）的原始性是什麼意思呢？
4. 蔡榮裕醫師：從「基本假設團體」（basic assumption group）探索兩極化的群眾反應

如果群眾的集體反應是個「答案」，是反應著某些仍難以了解的深藏「謎題」。整體上我們藉由以下的四個子題，來想像台灣目前疫情大致穩定下，爲什

麼只要發生令人緊張的疫情變化，就會出現獵巫式的兩極化群眾反應？這種有理說不清或者不可思議的情景，正意味著可思辯和可談論的空間很狹窄。這也反應著，不是現實原則下的科學知識，可以完全說明。如果群眾所呈現出來的反應就是答案了，我們想要去找出真正的謎題，這是我們這趟旅程的方向。我們不是要批判這種群眾反應，那不是我們的目的，而是想試著把深藏的謎題，能否再建構得清楚一些些，才有機會想像群眾的反應和行動裡，是不自覺地在回答什麼深層的謎題？我們分別從古典佛洛伊德的論點出發，但是晚近的精神分析家M. Klein, W. Bion, D. Winnicott的論點，更是我們要引進的視野。從「個體心理學」出發，最後再深入思索「群體心理學」，這不是提供答案，也不是只拿理論來套用，而是嘗試提供思索的過程。

後記

誠如早上，劉紹華理事長報告時談到的，是看

來很混亂的場景，一直在變動中，這是有著什麼內在的脈絡嗎？我們相信政府和每個人都有，但是病毒的特性至今，我們仍只能說知道得更多些，但是離完全了解可能還有長路。因此不同國家就有不同的戰略，我個人和同事王盈彬醫師，由於在醫師公會全國聯合會裡有個任務，要書寫一些想法做為大眾和第一線工作者的心理想像，因此也得緊緊地觀察疫情的變化。但在這種仍是混沌的必然情況下，面對生命交關的不確定性，有人說是認知戰，但是我們面對的，不是以有限的科學知識就能相互說服的處境。我們寧願使用古老的話，這是心理戰，國和國之間，國家機器和人民之間，人和人之間，個人內心裡的小劇場，都有著劇烈的心理戰持續發生著。我們不想只停留在，佛洛伊德的歇斯底里和伊底帕斯情結的模式，我們想要引進更貼近目前的臨床工作，也較能說明這些破碎經驗下的心理課題，精神分析家例如比昂Bion等人的論點，做為想像和探索的起點，但離終點還很遠。（蔡榮裕）

  跨出去 被一束黑暗，點亮起來

第14章

夢：破碎的自己勉強支撐塌下來的一場夢（一）

王盈彬

摘要

這是以「某藥物成癮案例的夢、記憶、兒時創傷和移情——解讀和推想文獻裡某案例的精神分析過程」為主的探索酒精或藥物成癮的個案，有許多可能不同的成因被研究中，也有學者指出這些成癮行為可能與基因相關，但是總括來說，也可以說是成因未明。然而，在整理這些開始和持續飲酒或使用物質的個案背景時，幾乎多和社會和心理因素相關，這一個橫切面的整理，也勾勒出各種不同社會及心理介入成癮治療方式的基點。今天工作坊的介入方式是由精神分析的思維出發，雖然在台灣仍是少見的臨床應

用角度，但是從這一個案例的研究，可以嘗試讓我們看到一個人是如何在使用自己和物質時，和童年的創傷與後續的演化做連結，而且在各種不同型式和不同階段的治療模式與進行中，和心理治療者一起工作的樣貌。不可諱言，雖然是精神分析式的治療整理，但是要讓個案可以持續進行如此深化的自我探索，不僅需要的是精神分析取向治療師的專業，也需要個案與其所處環境的互相搭配，有機會讓分析治療的意義產生，重啟個案自主的復原之路。

這不是一件容易的事，在目前台灣的醫療和社會文化處境中，有許多不同的專家和民眾一起在努力這件事，於是，在各司其職的條件支持下，我就可以跳過好幾個步驟，隨著這篇論文中的案例所呈現的夢，以精神分析的角度，一起來做夢，也拼湊起這一個地圖。

文章案例

「卡羅琳，一位49歲的講法語的女性，在這份報

告前兩年半諮詢了我，由一位資深精神分析師推薦。她嫁給了一位公司律師，育有兩個青春期的孩子：一個兒子和一個女兒。卡羅琳接受過醫療保健專業人士的教育，但自從她的孩子出生後就沒有在家外工作過。在第一次面談中，卡羅琳穿著簡單，米色休閒褲和素色襯衫。她的頭髮剪得很短，沒有化妝。當她坐在我對面的椅子上，轉過身來，低著頭，沒有看到我的目光時，我被她壓倒性的悲傷所震撼。

受邀發言時，卡羅琳聲音低沉，語氣猶疑。她的面部表情和身體姿勢，讓我相信她處於極大的心理痛苦中，甚至可能是身體上的痛苦。這個中年女人顯得瘦弱、憔悴。我想知道她是不是身體有病。卡羅琳說話時，我發現自己向她傾斜，以便更好地聽她說話，但也因為她身上有一些東西引起了我的注意和興趣。卡羅琳告訴我她有酗酒問題，並透露她每天至少喝一瓶酒並吸一口大麻。她形容自己很沮喪，覺得「一文不值」。她多年來一直服用抗憂鬱藥，雖然沒有自殺，但她說自殺是一種選擇。卡羅琳告訴我，她對治療非常矛盾，對任何能夠幫助她的人都感

到悲觀。她告訴我之前與三位不同的治療師進行的三次治療嘗試。卡羅琳說，她在2年多前就得到了我的名字，她打電話只是因為她害怕丈夫會因為酗酒問題而離開她。」（王盈彬譯）（Robertson, E. (2003). Reflections on Analytic Work with a Woman Who Has an Addiction. Canadian Journal of Psychoanalysis 11:185-199.）

夢的工作

「『我在我正在裝修的房子裡。它未完成。我正在四處遊蕩，尋找一個我找不到的空房間。我一直在問自己，他們把那個房間放在哪裡了？』這是卡羅琳帶給我的第一個夢。」（王盈彬譯）（Robertson, E. (2003). Reflections on Analytic Work with a Woman Who Has an Addiction. Canadian Journal of Psychoanalysis 11:185-199.）

我們如何來聯想和解讀這一個夢呢？臨床上，這是治療師和個案一起要來整理的過程，目的是希望透

過這一個夢的顯性元素，來深入底層的故事，於是我們試著發問：房子的樣子、裝修的地方、那些地方未完成、空房間的樣子、他們是誰、情緒是甚麼、聯想到了什麼……。一個在個案心靈深處的生命輪廓，正在一點一滴被看見與建構起來。

「佛洛伊德就夢工作的本質，維持了兩個互補的論點：A、它絕對不是創意的，而是僅限於材料的轉換。B、然而，構成夢的要素的是夢的工作，而不是潛藏的內容。」（王盈彬譯）（Laplanche, J. and Pontalis, J. B.(1973). The Language of Psycho-Analysis.）

由上面的論述會發現，佛洛伊德談論的「夢的工作」的特質並非一種創造，而是將所有具有刺激性的材料，透過夢的工作，而呈現為一種顯性的夢境，其中為了將所有具有刺激性的材料整合起來，會進行至少四種機制的運作：濃縮、置換、可再現性的考慮、次級修正。而後來佛洛伊德談論精神官能症症狀的形成，也是依據這樣的運作機制，這也是呼應了佛洛伊德發展的第一拓樸學（意識、前意識、潛意識）和後

來的精神內在衝突結構（本我、自我、超我），這是座落十九世紀初期佛洛伊德的工作成果。

　　這些具有刺激性的材料，包含了現在和過去的存在、內在和外在的感受、感覺和記憶的痕跡……等，於是精神分析以分析夢境作爲探索這些潛意識內容的途徑，因爲佛洛伊德及後續的精神分析師的臨床經驗，不斷證明了潛意識內容對於現實的重大影響力，而要治療具備精神官能症結構，甚至是精神病病理結構的個案時，可以就由此著手，於是夢成爲必經的途徑。而成癮物質的使用，對於睡眠的影響，也間接影響了夢的質地，是讓個案可以主動作爲強化或減輕這些結構壓力的外來品。

　　「佛洛伊德（1900）認爲，他對夢的意義的發現，是他最偉大的洞察力，並將夢視爲『通往心靈潛意識活動知識的皇家大道』。」（王盈彬譯）（Auchincloss, E. L. and Samberg, E. (2012). Psychoanalytic Terms and Concepts.）

夢的功能

「佛洛伊德認為，夢的功能是在面對來自多種來源的令人不安的感覺和刺激時，可以保護睡眠。受威脅的干擾，可能來自外部或內部的生理刺激，例如噪音或口渴，也可能來自精神內的縈繞，其中包括當前的擔憂，以及佛洛伊德理論中最核心的潛意識的童年願望，這些願望是由當天的事件和追求滿足的壓力所喚醒的。在佛洛伊德看來，對一個夢的鼓動而言，最核心和必要的正是這些童年的願望。夢，以整合並回應這些願望和刺激的方式，來幫助維持睡眠。」（王盈彬譯）（Auchincloss, E. L. and Samberg, E. (2012). Psychoanalytic Terms and Concepts.）

從夢的功能來進一步探索，臨床個案帶來的症狀常常是睡眠品質的變化，產生了想要解決的動力，也有些人是因為夢境中的一個片段，引發了情緒的混亂和焦慮，因而希望進一步的處理，於是這成就了第一件事，個案因為夢的影響而啟動了與治療師的深度對話的開始。反觀工作坊文案中的簡介，個案雖然是

一位酗酒的女性患者，但是會求助治療師，是因為怕自己的酗酒問題會讓既有的婚姻破裂，這也是常見外顯的入門磚，帶領著個案進到診療室，隨著治療的進行，正向移情迅速的增長，但是潛意識的恐懼也逐漸的浮現。

「卡羅琳形容自己感覺透明，並表示她沒有邊界的概念。在她描述了這些感受的多次會談之後，以下的夢是相關的：『我在我的房子裡。所有的燈都熄滅了。外面有人開著重型卡車在花園裡挖土。我躲在房間的角落裡，所以我的身影不會投下陰影。然後我聽到他們開車駛入樹林。我知道他們會回來，但我不確定什麼時候。我好害怕，動彈不得。』」（王盈彬譯）（Robertson, E.(2003). Reflections on Analytic Work with a Woman Who Has an Addiction. Canadian Journal of Psychoanalysis 11:185-199.）

原本可以保護睡眠的夢，卻在此時產生不了作用，甚至讓睡眠中斷而驚醒，於是佛洛伊德原本對夢的假設遇到了困難。這樣的夢，也意味著原本的精神

官能性結構的內涵，不足以支應這樣的夢，佛洛伊德也因此繼續他的探索與創造。更原始性的精神能量，透過焦慮的形式，擾動了睡眠，原本治療師協助的角色，同時間漸漸變成干擾的來源。

創傷的夢

「有時，如果潛意識的願望沒有充分偽裝，它們將會引起足夠的焦慮，以至於夢無法保護睡眠，而做夢者會醒來。佛洛伊德將創傷性夢境，視為旨在重塑創傷性事件的重複夢境。佛洛伊德在他的理論中，要解釋反覆出現的創傷性夢境方面，遇到了諸多困難，最終導致他提出了重複強迫的概念，正如〈享樂原則之外〉（佛洛伊德，1920a）一文中所闡述的那樣。」（王盈彬譯）（Auchincloss, E. L. and Samberg, E. (2012). Psychoanalytic Terms and Concepts.）

也就是說，如果如原本佛洛伊德所定義的夢的功能，是要將來自內外的刺激整合起來，透過夢的工作

滿足願望，來保護睡眠的持續時，爲何創傷性的夢在這樣的歷程中失效了，後來佛洛伊德帶入了死亡驅力的概念運作，用來說明這樣的矛盾，這是驅力理論概念的延伸，而所謂足夠的焦慮，意思是本身刺激的能量太高，以至於僞裝不下來，當然這就是複雜的驅力運作所研究的範疇。

隨著精神分析的演進，也因爲越來越多精神病結構的病患進入了精神分析診療室，理論的演進也更加考慮到外在客體的重要影響力，於是我們也可以從英國獨立學派客體關係的角度思考，這樣的夢境內容不單純只是一種願望的滿足，而是有表達性的，想要表達些甚麼出來給做夢者，甚至是聽夢的人。

「佛洛伊德將夢視爲滿足嬰兒本能願望的表達，由當天的事件所激起。Fairbairn將夢視爲客體關係結構和內心世界動態的『短版』。做夢者和他的內在客體之間的相互關係，形成了夢的結構，並表達了它的情感內容，例如，展示了「中心自我」，與『激發和拒絕客體』的關係。」（王盈彬譯）（Skelton, R. (Ed.). (2006). The Edinburgh International

跨出去　被一束黑暗，點亮起來

Encyclopaedia of Psychoanalysis.）

　　這是英國客體關係學派的學者之一，這一個舉例並非要表達佛洛伊德夢的理論已經不適用，而是要呈現出精神分析多元化的發展面向，這些發展的面向與精神分析落腳的當地文化有密切的關係，這一群精神分析分析師也包含了現在大家漸漸熟悉的溫尼考特（Winnicott），之所以提到他，是因為他的小兒科醫師的背景，將精神分析病理學的研究，往前推到了剛出生幾個月的嬰孩階段，並以此來論述精神病結構中的一些裡裡外外。

　　「簡單地說，對佛洛伊德而言，人類是矛盾的動物；對溫尼考特而言，則是依賴的動物……在性慾尚是不可接受的之前，就已經存在著無助的感覺。依賴便是最初的感覺，在善與惡之前。」——亞當·菲力普（Adam Phillips）（超越佛洛伊德：精神分析的歷史，心靈工坊）

　　文本中所呈現的個案，回憶到四歲大時的被虐待和性侵的記憶，而實際上的恐怖經驗甚至更早到無法以記憶的方式存在，於是不僅必須透過夢，甚至是個

案在治療室中的各種肢體語言、散發的情感質地，甚至是個案使用酒精的方式與作用，讓個案開始在治療室中存在下來，才有進一步將恐怖的潛意識經驗轉化的機會。

「在卡羅琳的分析中，出現了幾個主題。對我來說最突出的是她的無助。兒童早期的創傷會導致對自主和自我照顧的無助感。我相信，成癮可能成為試圖保護自體，免受入侵和壓倒性感覺的結果……酒精成為卡羅琳抵禦她創傷性情緒的防衛手段……她喝酒的部分動機，是試圖建立對自己感覺的某種內在控制，自相矛盾的是，這導致了較少的控制（Wurmser, 1974, Dodes, 1996）……佛洛伊德（Freud）（1920）寫道，母親提供了一個『保護盾』，以保護嬰兒免受過多的刺激或興奮……在分析的早期階段，她無法確定自己的感覺，正如Khantzian（1999）所說，『藥物使用和依賴的痛苦、重複方面，代表著試圖解決沒有言語、記憶或其他符號表示的痛苦情感狀態』……我與卡羅琳合作的另一個主題是，我既是她的容器，又是酒精的替代品。她在會談間和周末所

經歷的焦慮，在我通過電話時得到了一定程度的緩解。卡羅琳能夠將她的在意和擔憂寄託在我、分析師／母親身上，而我能夠涵容它們（Bion, 1994）。她可以放心，我可以抓住他們，直到我們再次合作……當卡羅琳停止與酒精的關係時，我成爲了她所依賴的新『客體』。她的依賴需求從酒精轉移到了我身上（Johnson, 1992, 1999; Wurmser, 1974）。前面提到的我的反移情共演，是我無法控制她的挫折和痛苦的一個例子。我和她一樣，對她的困難感到不知所措。當我們探索這件事時，她能夠表達她的失望，並且可以忍受這種負面情緒。她能夠體驗到我是一個犯了錯誤並向她道歉的人。我相信精神分析以分析師作爲一個新客體的可用性的形式提供了一致性。對於許多上癮的人來說，這是他們第一次體驗到一個始終如一的非評判性人物。」（王盈彬譯）（Robertson, E. (2003). Reflections on Analytic Work with a Woman Who Has an Addiction. Canadian Journal of Psychoanalysis 11:185-199.）

這裡提到的無助感，正是呼應了Winnicott所聚

焦的母嬰關係中嬰兒的無助感,而且因此明確的需要來自母親客體的環境支持和促進,來慢慢整合出一個屬於「我」的獨立存在,並可以正確的「使用客體」,來達成可以被協助的合作。在這之前,自體其實是破碎的,不論是未整合或是退行,多處於偏向一種「客體關聯」的狀態中,也就是主客體其實是被嬰兒當成是可以呼風喚雨的自己,就算旁人看出了現實的困境,仍然不損於這樣的主觀認定,於是自我膨脹的本能出現,這也使無助感不斷延伸。

這可以是經由夢境的整理和詮釋,進入更原始性的精神結構所建構出來的屬於個案的故事,而當酒精、物質、或其他各種可能干擾或協助夢境運作的元素出現時,也就成為一種值得討論的主題。

物質的功能

「夢,是在睡眠期間發生的心智事件;在日常用語中,夢是一個人在醒來後記得的圖像、想法和情緒的集合。做夢,是由大腦特定區域的激活引起的,通

跨出去 被一束黑暗,點亮起來

常會產生視覺類型的幻覺，主要發生在第一階段睡眠的快速眼動（REM）期間，儘管它也可能發生在睡眠的其他階段。」（王盈彬譯）（Auchincloss, E. L. and Samberg, E. (2012). Psychoanalytic Terms and Concepts.）

　　酒精對於腦部的影響並不限於單一受體，目前的研究發現其影響更加廣泛，主要作用在細胞膜上的離子通道（ion chennel），短期使用會增加其流動性，長期則為變成僵化，進而影響到相關聯的神經傳導系統，目前研究主要作用影響的神經傳導物質是GABA（A）、5-HT3、Ach.等。大致來說，酒精對人類行為的效應類似鎮定劑，不同血液濃度的酒精影響行為的作用是不同的，也許大家多有經驗，目前也已經被量化了。而對睡眠的影響，酒精的影響是會讓入睡變得容易些，但是對睡眠型態會產生負面的干擾，大致上是減少REM和第四階段的深度睡眠，於是睡眠變得容易中斷。也因為適量酒精會去抑制和減少焦慮的效應，於是有些假說會對應到，使用輕量的酒精可以減輕嚴厲的超我壓

力。（Kaplan&Sadock's Synopsis of Psychiatry, 11th）

　　酒精對大腦知覺的功能，就像安眠鎮定藥物一樣，對於破碎的自己，提供了一個可以讓身體暫時放鬆的狀態，其中的抗焦慮的效果，有沒有可能讓原本由恐怖的現實轉化而成的恐怖的夢境，變成了比較可以不會被吵醒的睡夢，只是多數人的經驗也知道，並非每一次都是一樣的效用。於是酒精在這方面的效用，有機會暫時保護了破碎的自己，也讓夢可以比較溫柔的存在，一旦有機會，或是僅少數的機會，其中會產生一種勉強，或者稱為強迫來的貼切些，也就是不得不這樣重複的做，因為暫時沒有餘力和餘地來做出新的創造了，而是不斷的逃離、回頭、逃離、回頭。只是酒精的化學效應，仍有其極限及不可控性。

腦科學和精神分析的交會

　　「雖然今天有一些神經科學家認為，夢是睡眠大腦的隨機、無意義的產物，但大多數當代精神分析

學家仍然認為，夢是了解做夢者精神內在的非常有價值的窗口，無論他們是否接受佛洛伊德的任何核心概念。」（王盈彬譯）（Auchincloss, E. L. and Samberg, E. (2012). Psychoanalytic Terms and Concepts.）

　　這種精神和神經的互動和分野，似乎不難見到其中明顯的差異和斷裂，然而當我們可以用Winnicott在描述精神和身體的方式來理解時，這種身心交流的可能性和具體性就會慢慢的浮現。

　　「這是一個身體，除非根據一個選定的觀察方向，否則無法區分精神和身體。人們可以觀察正在發展的身體或正在發育的精神。我想這裡的『精神（psyche）』這個詞的意思是，對身體部分、感覺和功能的，即身體的活力，富有想像力的闡述。我們知道，這種富有想像力的闡述，取決於大腦的存在和健康運作，尤其是大腦的某些部分。然而，個體並不覺得精神位於大腦中，或者實際上位於任何地方。」（王盈彬譯）（Abram, J. (1996). The Language of Winnicott: A Dictionary of Winnicott's Use of

Words 160:1-450.）

　　對於精神或夢工作來說，不論是處於破碎或是完整的身體或心理狀態時，這是一種獨立存在的世界。也就是說，當嬰孩期自我仍未整合完成之前，精神或夢的工作已經開始，也就是卽使是未整合或退行的身體或心靈，也都會因爲精神和夢工作的存在，而讓破碎的自體有機會被看到，好好被看顧，甚至是重新來過。

跨出去 被一束黑暗，點亮起來

第15章

夢：破碎的自己勉強支撐塌下來的一場夢
（二）

蔡榮裕

　　我們以一篇文獻，加拿大分析師Erica
Robertson談論某位女個案成癮情況，個案在心理治
療過程裡，她的記憶和夢有著她生命早年創傷記憶的
經驗。在成人後，先是安眠藥濫用，後來喝酒並成癮
的行為，該文作者的意見是，酒精變成了舒解和管
理成人生活裡，那些難以忍受的處境的方式，而這
種處境看來是有著，重複生命早年受創經驗。Erica
Robertson是連結個案早年被性侵經驗，和後來使用
酒精來充當屏障（screen），來抵擋那些會一直淹
沒她的情感。作者表示努力顯示，這位上癮者和上癮
物之間的關係，是如何的起始於她和最初的撫育者的
關係，並轉移到讓她上癮的酒精，然後在治療關係

裡，轉移到治療者身上？這時候，治療師或分析師變成了個案的投注心思的新客體，作者表示要描繪的是個案的無助感（helplessness），以及分析師充當著涵容者（container），而在分析治療的過程裡，個案對於治療者的言語攻擊逐漸浮現……

不過，關於最初的照顧者的經驗，和童年被性侵的經驗、和後來使用藥物或酒精，做為屏障自己接近那些創傷經驗的說法，應是不少人都已聽過的論點。但是這些說法足以成為「前因後果」的論述，以及說那就是找到目前成癮問題的歸因了嗎？以及那些經驗會如何在診療室，變成對治療者的移情，我們對於這些移情如何看待？如何成為可以使用的治療素材？成為治療過程的工具？仍有著爭論的主題。我們從幾個向度來談談文獻裡未深談的內容。

Erica表示希望在文章裡能夠顯示出，個案的童年經驗如何導致她，落入安眠藥和酒精濫用裡，來處理破碎的自己的感受（fractured sense of self）？Erica使用的是如骨折般破碎的對自己的感受，這種說法也許說成是受創的經驗，讓她心碎滿地了，雖然

跨出去 被一束黑暗，點亮起來

仍有自我（ego）默默地發揮著能力，讓她在某個範圍裡，仍有著自己存在的感受。只是在這範圍內的自己，卻是破碎的，因此不能說她沒整合，她是有個大致的整合，而讓她在經歷那些創傷後，仍能在人世間走下去。

只是這個案卻是如同拖著一個破碎的自己，也許如同人的皮膚裡，是有著眾多細胞組織和器官，看似是不同如碎片，只是它們是各有系統，而且不同系統之間有著各式的聯結，而能夠發揮著讓人活下去的整合。對這些受創的個案來說，卻是拖著生命之初的創傷到成人後，變成像是拖著老命在活下去。想到我自己在三十幾年前進入精神科，那時對於酒藥癮者的處理，仍不是當做是疾病，而是當做是犯罪行為來對待。更早的公保勞保，以及後來整合的健保，起初也是有這些癮的相關診斷時，是不給付治療費用的，只是這些個案不是只有藥物濫用，幾乎也同時會有焦慮、憂鬱等診斷，因此就在這樣的名稱下來治療。

但是對於心理治療來說，當時仍是流行著的說法是，等個案戒掉相關藥物後，再開始心理治療。當年

的戒掉藥癮的方式，相對於今日來說是薄弱的，我無法確定後來大家接受這些癮者的心理治療，是否和國家政策上將這些上癮行為，當做是疾病後大家才開始逐漸放棄，先戒斷藥物濫用，再來心理治療的思考模式？或者說是治療模式或典範的改變，雖然這樣子並不會讓事情的解決，變得馬上就很容易。

　　並不是當時的精神分析，對於上癮現象沒有理論，不過由於精神分析的理論架構，以口慾期、肛門期和性蕾期，做為伊底帕斯情結之前的幾個重要經驗指標，加上性學理論和心理防衛機制等，做為主要的論述核心，只是在個別症狀的差異上，要如何透過已有的理論說明，而能夠做出區分？或甚至也可能是以統包的方式，來說明有著生命早年的創傷經驗後，就有可能出現種種不同的症狀，這樣的論述方式是讓精神分析可以有立足點觀察，和論述不同症狀的基礎？

　　如果真要說明，何以會有不同的症狀出現在某個人時，就需要再訴諸個案的家庭，和其它的外在環境經驗的不同，或者常聽到的是，每個人都是不同的，每次治療都是不同的，因為如同生命之河，流過，不

可能在同一個地方遇見相同的水流。這種說法是很玄妙，但也有說服力，只是如果回到診療室的臨床經驗裡，我們也不可能就以這種說法就滿足了。這好像是說我們有著理論，可以說明一切結果，但是結果會有些差異，那就是個人造化了？

也許這也是當年，一般以成癮者要先負責任地，自己戒掉藥物濫用，才會開啟心理治療的基礎？不過如果從心理治療或精神分析的角度，我假設是在如果仍有濫用藥物的使用，那麼可能無法頭腦清晰地，記得自己在談論什麼？或者也有著困難的感覺，畢竟在被歸類為犯罪行為，意味著在當時是覺得，這些問題是無法以心理學方式來處理？甚至連精神藥物的處理都是不足的。因此只能以在監獄裡的隔絕方式，做為最後甚至是唯一的手段。也許這也反映著，如同這篇文章裡，這位個案在人生裡，經驗的無助感的類似現象，也就是在整體醫療上是處於某種無助感裡，以某種愛莫能助的感受做著決定，要自己先戒斷，然後才來心理治療？而不是假設心理治療或精神分析，可以在戒斷的過程可以幫上忙？

但這仍涉及要幫上多少忙，才算是幫上忙？是指藥物濫用完全停止了，或者是濫用藥物的潛在心理創傷的處理？另外，也涉及的是精神分析和其它的心理治療型式，它們是在發展中，是否大致是有著如同胃藥只能治胃病的邏輯下，慎挑選個案來治療，以免替自己的心理治療模式，出現太多無法治療的案例，而影響著某種心理治療模式的後續發展？在精神分析的發展過程裡，先有佛洛伊德認真且勇敢的提出「嬰孩期性學（infantile sexuality）」來挑戰原有的論點。

　　不過我相信相關者會很容易經驗到，既有的理論並不足以讓個案改變，進而讓精神分析的模式可以因此明顯有用性，而可以更說服他人，這種模式的重要性？不過我無意帶起整體回顧，有多少人仍是嘗試替這些個案做點什麼？但仍有人默默地在嘗試累積經驗，不過我們在這裡無意做這項工作，我們就只挑選一篇文章，談論某個案的治療細節，做爲我們進一步演譯的基礎。

　　我們仍還無法說明，有這些類似創傷經驗者，

何以後來的症狀和行為仍有所不同？包括會用何種物質做為濫用的方式？可能是所謂的類似，其實不是所了解的那般類似，而是有著我們仍不知的相異隱身其中？這些相異造成了後續人生的不同選擇和樣態，因此如果我們要從生命早年的創傷經驗，來談論個案目前的處境時，只能說當年的種種經驗，都會有殘跡留存，而影響著目前。

不過如果要說某個特定因素是原因，而目前的問題是結果，這種因果論就需要謹慎了。但這無妨礙我們，持續在生命早年經驗，建構心理因子、心理環境等概念，來替人性和心理未知的領域貢獻一些想法。雖然大致只以推論和建構的假設做為基礎，當然也包括外在環境持續帶來的影響。只是本篇文章並未以外在環境因子，做為觀察和論述的重點之一，由於英國精神分析家溫尼科特在他論述過渡客體和過渡空間，以及對於文化經驗的所在，探索文化經驗和孩童的玩（play）的關係，打開了從內在世界如何引進外在環境的心理過程。

由於精神分析在古典論述，是強調內在心理世

界影響外在環境的論述，是以轉化成移情的方式來想像，不過長久看來，這種論點和技藝有它的長處，只是也可能帶來的外在環境的不同內容，例如不同藥物的濫用，或目前處在不同環境裡，這些外在因子對於內在心理世界的細微差異，或重大差異可能是什麼？就顯得難以回應，雖然如果強調不論外在環境是怎麼，而每個人內心受的影響，的確都是需要透過個體的主觀內在的感受做起點。

例如，過於主張外在現實，都只要從內在世界的移情來觀察，那麼意味著不需要太區分個案的外顯症狀，或外在環境，或使用不同的藥物濫用等？好像變得外在世界被扁平化成都是一樣的，或者都不一樣，但我們只看個案的內在世界？以及由此而衍生出來的移情，精神分析已一百多年，的確累積了不少這種觀點下的文獻，只是如果重新再打開眼界，仔細看看外在世界的萬花筒，和內在心理世界的萬花筒，會如何相互影響，精神分析是否會有不同風貌呢？

如果依著當代的美國精神醫療診斷系統（DSM）的觀點，關於失落和憂鬱，有著無望感、

無助感、無力感，這三項有著以「無」做爲問題的現象，我只在這裡談論Erica在文中特別提到的無助感。這三種「無」是相互連動，或說是動力式的（dynamic）的相互影響，但是無力感和無望感是個體內在的感受，而無助感則有著期待其它客體的協助之意。依客體關係理論的說法，可能涉及的不只是外在環境或外在客體，如同溫尼科特所說的「環境母親」（enviroment-mother），也同時涉及被個案內化的內在客體的「客體母親」（object-mother）存在，意味著個案在當年的處境，可能除了後來發生的性侵，和生命早年和母親之間關係的感受，都混合加在一起，使得她對於母親的存在，是覺得無法幫上她忙的人。這也成爲她內心對於「客體的使用」，會帶來的困境，易覺得周遭的人是無法幫上她，而助長了她的無助感。

至於關於她的夢，是可以有著多種方式來想像。如何談論這個個案在診療室談到的那個夢呢？我試著依幾個可能的模式，來說明這個夢的可能想像。

首先，如果依著佛洛伊德的性學論述，她的房

子在整修，她卻找不到自己的房間，可能涉及的推論
是，她找不到自己她，找不到自己的性興奮，她找不
到自己的認同可以歸屬的地方，或者她終於知道，自
己是被父母從三人關係裡逐出去了。她找不到自己的
家，她找不到自己的房子，也可能意味著她的欲望高
漲時，她覺得那是不被允許的，因此只能找不到它？
當然還有眾多可能性，而其中所涉及的移情的影響，
我放在後頭我再來說明。

　　如果我嘗試克萊因（Klein）的想法，我可能會
想，在整修中的房子，是因爲先前的破壞，而開始進
到了憂鬱階段（depressive position）的整合，但
是在這種情況下，卻找不到自己的房間，好像意味著
仍是自己不見了，因此這種乍現是整合，卻是以自
己被排除的恐懼呈現，或者那間找不著的房間是破壞
者，因爲欽羨（envy）個案的某些進展，卻跑來以
不見了的方式搞破壞，讓她陷在困局裡，好像她是不
能好起來，不然就會以把她趕走，做爲回應她有進展
的方式？

　　如果是比昂（Bion），我也許會這樣想，雖然

不見得會這麼說出來，個案找不到自己的房間，如同那是生命裡的某個心理碎片，仍拒絕被重建整合在一起，因此這只是反應著個案此時此地的心境，就算找不到自己的房間，令她無力無助也無望，但是她會繼續走下去，因為尋找生命的心理碎片，是她活下去的重要動力。因此她這夢更有著，要和自己溝通，要自己無論如何，要繼續走下去。

如果是溫尼科特（Winnicott），我也許會想，要把那找不到的房間，就像是小時候的她，躲著有問題的父母，但是這場人生的捉迷藏裡，她躲太久了，雖然也可以說是有部分的成功，讓自己可以活到現在，這是重要的成就，但是當她要整合自己，卻仍找不到那個自己，還在躲迷藏未現身的自己，或者在分析治療的過程，由於覺得彷彿被拿走了原本的房間，因而那個還在躲迷藏的自己，急著要再找到那個屬於自己的房間？

如果就可能的「移情」來假設，是否個案找不著自己房間，可能意味著她覺得，治療者並未把她放在心上，或覺得治療者缺乏能力來幫上她的忙，讓她可

以有自己的心理空間，來處理自己的困局？或者覺得治療者想把她踢走，不讓她繼續心理治療？

這些都只是依著不同論者的主要理論，做些簡要的推論，來推想夢的意義可能是什麼。不過前述的假設，大家所以會覺得有可能，而且好像可以理解，這都是基於合乎現實層次的說明，但是以這案例如此嚴重創傷經驗，可能會很難理解前述的種種假設。雖有可能會回應好像有些了解，而如同本文作者的期待，只是我是覺得，若如此，得是經歷了漫長的治療過程後，她有辦法以前述的說法只是種假設，而不是說她就一定是那樣子，或好像治療者是在暗示她，就是那樣。如果在這種處境，是很不容易真的了解，因仍很可能把治療者的詮釋，聽成碎片般四散，雖然可能說自己了解詮釋，但是治療者最好先不急於達成這種目標和期待。

我不會把前述的幾個假設，當做就一定如此。我需要再進一步說明的是，這些只是假設的說法，這是從顯夢（manifest dream）裡可能有著什麼隱夢（latent dream）在裡頭的角度，來呈現我的假設。

跨出去 被一束黑暗，點亮起來

不過佛洛伊德在《夢的解析》裡，雖然是花不少篇幅做類似的展演，說明他那些對於隱夢的推論，在當年是讓一般人理解他的夢的分析方式，和其它有所不同的展示。只是隨著百年來臨床經驗的累積，如果預設要從「顯夢」來推論出「隱夢」，是一個相當困難的工作。

雖然是可以如我前述的幾個嘗試，但由於夢的形成，是從它那不可見的本尊「嬰孩期的期待「（infantile wishes），它要展現自己，但只能透過各式表徵做為代表來現身。但是要經過幾個關卡的變裝，一是，個人內在心智防衛機制的運作，也就是佛洛伊德所說的「夢工作」（dream work），濃縮（condensation）和取代（displacement），這兩項重要的心理工作。「濃縮」是指好幾個意念和感受被集結在一起，而只以某一個景象做為顯夢的內容。「取代」是指以另一個可能有些遙遠的意念和情感，來取代原本的做為顯夢的內容。

佛洛伊德後來在夢處理的技術修正裡，提到只要夢者在醒來瞬間，想到要跟誰說這個夢時，夢的內容

就會被不自覺的修改了，他說這是夢形成過程的第二次修改。如果依臨床經驗來說，個案從夢出現後，直到再說出來前，其實是不太可能沒有心理在對那夢持續的工作，這讓夢是一直處於變化中，直到來了診療室要對治療師說夢時，也會再因對治療師的移情，而再一次改變夢的內容。這些都是不自覺的狀態所產生的改變，雖然每項改變都反映著有心理在工作著，不過果真要完全了解，這些心理工作有那些，的確是一項大工程。

不過前述的分析和假設，大致是依著當事者是完整的，是可以透過這些過程，而了解自己心理在工作著是爲著什麼，而工作是依著什麼原則在工作，如同佛洛伊德觀察到嬰孩和父母之間的三角關係，並因此引進了伊底帕斯王的故事，來建構伊底帕斯情結的故事。但這是預設著，個案是如同精神官能症般，傾向有著「完整客體」經驗者，也就是對嬰孩和父母，都是在有著完整看待自己和父母的存在後，所做出的假設。在佛洛伊德形成夢的解析，和後來的臨床論述，也大都是以嬰孩有著，完整客體看自己和父母做爲假

跨出去 🏃 被一束黑暗，點亮起來

設下，而形成的理論以及相關的詮釋技術。也就是圍繞著三人關係而做出的推論。

但是如果那些生命由於外在環境的不順遂，而挫折失落引發的早年創傷，那是如同滿地心碎經驗者，內在心智是如同比昂所說的心理碎片（fragments）散置。雖然在一個覺得是「自己」的框架裡，形成自己的模樣，這個自己所圍著的內在自己，是破碎的心思和感受。如同我們目前臨床所見的，一些特殊的人格狀態者，他們的主要問題不在於矛盾或症狀，而是人的基本骨架或人格，是因破壞而常覺得不知爲何要存在，人生一直往下墜的感覺，找不到活著的意義。這些個案群所呈現出來的樣貌，並非佛洛伊德在古典論述裡，那些精神官能症的個案群。

因此比昂也主張，對這些心理碎片的存在者，要走到具體的三人（完整客體）關係，如「伊底帕斯情結」對這些心碎滿地的人來說，如何從破碎的心理處境下，每一步都是充滿著可能的危險或傷感的情況，才更是他們的人生重點。比昂以「伊底帕斯情境」（Oedipsal Situation）來描繪這種處境，以我的比

喻來說，如果伊底帕斯情結的故事是發生在，有著安全措施的都會區公園裡玩著，或者是如同在荒山野外裡，地上是雜草叢生，有蛇蟲可能隨時在地上出現，也許有著幻想著自己也可以飛的老鷹在天空。

也許我們可能期待，如果個案能夠解決和父母的三角關係，只是我們得再思索的是，這些碎片心理仍是左右著當事者的情況下，人生大部分的時間是在這些心理碎片裡，維持著可以活下去，可以走下去的處境。雖然隨著時間的推移，當事者仍是有到三四歲，一般預期是伊底帕斯情結可能出現的階段，臨床上是可能個案就有著，和他人矛盾和他人競爭，如同是個第三者般的競爭。但是內心世界的破碎，如果仍是主導著個案情結發展，意味著就算他了解了三角情結，但仍會是充滿著疑問。

例如，為什麼從小父親會對他那樣？為什麼他會出生在這個家呢等。如同表面上是在都會品管安全的公園玩，但是更基礎的內在，卻是如同在荒野上的生存之戰，每次的戰戰兢兢，都是有著生與死，如同生命早年，如果未被適度撫養，那所涉及的都是生生

死死的經驗，是如同在荒野裡破碎的自己，在尋找出路。比昂強調，走到情結之前的「伊底帕斯處境」的觀察和處理更重要，是指這些心理碎片滿地的，要能夠走到好好經驗假設，有著完整客體的三人關係，是需要更漫長的時間。

　　雖然有著外顯上，乍看是有著三人關係的情結，但只要再細究，會發現當事者的問題是更零散，更支離破碎，更難知道自己身處何處？何以要做目前的某些舉動，甚至覺得不知何以要活下去？雖然可能會歸因於父母，不過我們可以很快發現，不只在於父母所帶來的矛盾，而是更早年的不足，那種不足雖會引起怪父母，但是更像是怨天尤人，是推向更不可知，更難以解決的對象。

　　因此在思索這篇論文裡，這位生命早年飽受各種創傷的案例，以及她所呈現的夢，首先我覺得她能夠有夢，而且能夠拿來和治療者討論，這已是很不容易的事情。因為相對於現實生活裡，仍出現的各式創傷，大致是不會少的，光是談那些就永遠談不完的了，而會花心思注意夢和拿出來談，對不少這種嚴重

創傷者是不容易了。尤其是拿出來談夢時，可能不知會蹦出什麼讓她驚恐的素材，而使她因此而崩潰，這些都是需要她內心經歷很多心理工作，才能得以如此。因此能支撐到有一場夢的出現，而且不是以創傷症候群那種直接就是驚恐的夢，影響了睡眠。意味著她的內心工作是相當繁複的，且也發揮了某些功能，讓她能有了這場夢得以發生的心理世界。

這些經驗和理論，其實仍無法說得清楚，何以她會走向藥物濫用的路？畢竟這涉及的，除了心理意識和潛意識的，以及社會文化因子的潛在影響。不過說實在，我覺得仍無法從目前的結果，來結論出真的有效的，何以她會成癮的成因。雖然在文章裡報告了眾多的傷害，每個傷都足以烙印成傷，如疤痕，如何在疤痕裡找出故事呢？我們不知道的還很多呢。（完）

第16章

記憶：現在突然覺得自己是個已死掉的人
（一）

陳建佑

要在空洞裡填東西，還是要等它自己長東西出來？

「我在我正在裝修的房子裡。它未完成。我正在四處遊蕩，尋找一個我找不到的空房間。我一直在問自己，他們把那個房間放在哪裡了？」

C對於性侵的第一個記憶是她四歲時的事。她認為這持續到她六歲，然而她想起自己青少女時期，她的哥哥會從後方突然抓握她的乳房。她頻繁地描述並經驗自己為「被扭曲、也無法被修復的。」她說「我覺得我失去了一些永遠無法替代或奪回的東西。東西被我拿走了。」

在生命早年，原始的自我在開始接受源自於身

體內在或者外在刺激時，會產生驅力，它必須替身體的本能衝動找到解方：給予這個衝動一個名字、找到方式使它可以被心智再現。在Winnicott的描述中，嬰兒的自我在尚未形成以前，母親可以提供以下這兩種功能：身體上的照顧，以及協助在他感受立即的本能經驗時的命名；讓那些一片片被拼起來的命名與經驗，搭起一座橋樑，從真實世界的感官經驗到內在世界的情感經驗，藉此建立整合的自我功能與客體的概念。

曾經與世界互動中發生過的事，在創傷的作用下，使這座橋梁失去功能。

　　C的身體過於女性化，對於擁有性慾感到罪惡，因此她會藉由剝奪性與食慾兩者來懲罰自己。……她連結了與男友的性經驗和厭食的關係「它們都與嘴巴有關——我對任何進入我口中的東西感到非常噁心。」然而她的性包含了慾望與禁制兩者，食物也是這麼一回事。她說，即使是現在，她也會在自己的房

  被一束黑暗，點亮起來

間裡吃飯，這樣沒人會看到她的食慾和愉悅。

開始有些感受，然而它連結到的卻是不悅與罪疚的，或許躲起來，所有的感覺，就都不會被看見了；在一個與世界沒有關係的情況下，她才能與自己有關係：感受慾望、愉悅，否則都是痛苦。

直到25歲以前，C完全不記得這些她哥哥們施加的性侵事件。那年，她有了第一次成年性關係。在性交過程中，她說她什麼都感覺不到：「就好像我死了一樣。」

……C覺得自己跟同齡的人不一樣，恰好這時，與一位舊識的通話中，對方提醒她，多年前C曾向她吐露了她兄弟們的性虐待行為。她完全壓抑了這些經歷。

該如何思考，記憶消失的事？又或者從正常發展的軌道，比較容易看見失序的列車是往哪裡開去了。

「在生命發展早期，促進性環境會給予嬰兒全能自大的體驗；這不只是魔法控制（magic control），全能自大包括了體驗的『創造性』的一面。對現實原則的適應是自然地來自於全能自大的體

驗的，在這個領域中，也就是，來自於與主體客體的關係。……在促進性環境提供的全能的經驗裡，嬰孩能創造且再創造客體，這樣的歷程逐漸內化逐漸內化，並匯聚成記憶的基底。」（Winnicott, D. W. (1963). Communicating and not communicating leading to a discovery of certain opposites.）

C經常輕聲嘆息，形容自己沒有聲音。她似乎害怕說出她的感受，或者也許她的感情已經變得如此分裂，以至於她無法識別它們。……她以非常少的情感在敘述過去，治療師覺得，有種來自她以及治療師自己的需求，要使她活過來。

驅力被記得的方式，是一個欲望曾被接受與認識的證據，C的情緒不見了、跟著那些創傷的記憶一同被放在一個找不到的房間，治療師接收到「空白的感受」並在她自己的心智有種反應：要使C活過來；這個與世界（治療師）互動的過程產生的，欲望被「接受」的痕跡，展示著怎樣的「認識」？

即使C發現持續與治療師談話中，可以感受自己正在處理那些情緒，但是要能把治療師留在心裡卻

  **跨出去** 被一束黑暗，點亮起來

持續是困難的事。「我無法把你變出來（I couldn't conjure you up.）」

　　生命早年，是需要透過母親或照顧者營造的促進性環境，這個由她們提供輔助性的自我，來消化種種驅力，使它們成爲可以承受的，而不再是餓得「要死」、冷得「要死」的那些。若是不幸，嬰孩未能置身於促進性環境，那個站在生命早期戰爭前線的原始自我，在未能描述這些本能與衝動的困境下，將經歷了絕大的焦慮。

　　Winnicott描述這些焦慮是精神病性的焦慮（psychotic anxiety），是「不可想像的」（unthinkable），因爲這種焦慮的無法被思考，是震驚和創傷的副產物。原始的痛苦構成了「侵入」（impingement）。嬰兒受到太多侵入的結果是，自我感受被消滅了（sense of self is annihilated）。這是存在（being）的相反，是滅絕性的創傷，摧毀自我的核心。這些衝突與感受，以及原本該被整合進入自我一部分的體驗，形同屬於自我的一部分被切割開來。在剛出生時，心智的未整

合（unintegration）還沒走向整合（integration）之前，就經歷了崩解（disintegration）。（Winnicott, D. W. (1963). Communicating and not communicating leading to a discovery of certain opposites.）這一部分的自我被放逐到意識之外的荒原，留下殘缺的倖存者，以遺跡式的反應記得發生的事。

　　成癮可成為試圖保護自己免受侵入和壓倒性感受的結果。Krystal指出，「情緒經常被經驗為創傷的屏障；此處有著自身情緒的恐懼與情感承受的減損。」（Krystal, H. (1978). Trauma and affects. Psychoanal. St. Child, 33, 81-116. In Krystal, H. (1988). Integration and self-healing. Hillside, NJ: The Analytic。）酒精成為C抵禦她創傷性情緒的防衛。這種無助表現在她過去與母親和兄弟的關係，以及現在與丈夫的關係中。

　　Khantzian指出，「藥物使用和依賴的痛苦、重複面向，代表著試圖解決沒有文字、記憶或其他象徵性再現的痛苦情感狀態」（Khantzian, E.

  跨出去 被一束黑暗，點亮起來

J.（1999）. Treating addiction as a human process. Northvale, NJ: Jason Aronson Inc.）

原始的痛苦，處在融合的狀態：把母親自己內在的痛苦，當作是自己生命的一部分，但卻缺乏這樣的經驗來命名它，這種困境彷彿C於外遭遇的那些痛苦創傷。

精神病性的現象中，被標明出來的是對於單位自體（unit self）其創建的崩潰。自我組織了防衛，抵抗受到威脅後的崩潰；然而自我無法組織防衛來對抗環境的失敗，因為對環境的絕對依賴就是個活生生的事實。……精神病症是一種關係到原始痛苦的防衛組織，它通常是成功的。……臨床上對崩潰的恐懼是對已經經歷過的崩潰的恐懼。正是對原始痛苦的恐懼導致了患者表現為疾病症候群的防衛組織。（Winnicott, D. W. (1974). Fear of Breakdown. Int. Rev. Psycho-Anal., (1): 103-107.）

儘管C用對治療師的依賴取代了對酒精的依賴，但她很沮喪，因為當她尋求滿足時，治療師與酒精不同，並沒有立即出現。

當她經歷治療師不在的這種時候，她會幻想喝酒。然後，她在丈夫面前感到非常孤獨和無助。她覺得我沒有保護她：當她的兄弟虐待她時，一種缺乏她母親保護的重複。在分析的這一點上，在嚴重焦慮的時刻沒有穩定的內在客體可供使用。

Green對這種滅絕有進一步的描述：「……對原始心智的徹底否定是由恐懼引起的，從而增加了精神死亡的風險。否認（denial）和過度的投射性認同（projective-identification）可以是同一個過程，其意味著在它們發生之後，心智空無一物。投射認同仍可能會因為心靈的清空而威脅到自己的毀滅，是不可行的，那麼另一種機制仍然存在：一個擦除（abolition）過程，一個抹去或刪除的活動，與作為審查制度的潛抑無關，而是對心智中發生的事情進行徹底的壓制。……結果是心智中出現了一個『空白洞』（blank hole）它不僅是空洞，還具有吸引與空白洞中心主題相關的所有精神內容或思想的力量。」（Green, A. (1998). The Primordial Mind and the Work of the Negative. Int. J. Psycho-Anal.,

被一束黑暗，點亮起來

79:649-665）性驅力為了從滅絕的恐懼中保存自我，它便灌注於這種防衛中，生命早年創傷的黑洞，黑洞成為了如母親般的欲望客體；意識活動的「要活」難以避免成為要「心智的原始防衛」活著的一種死。

　　C的母親並沒有幫助她處理自己的情緒，而是在女兒出現無法接受的情緒時使用鎮靜劑。……酒精提供了面對無法接受與失序的情緒的保護。

　　Dodes描述：「當　個易成癮的人充滿無助或無能為力的感覺時……當人們感覺到失去控制或力量，或已經被剝奪時，成癮行為可能有助於恢復控制感。」（Dodes, L. M. (1990). Addiction, helplessness, and narcissistic rage. Psychoanal. Q., 59, 398-419.）

　　然而「失去掌控感」的平復，讓人誤以為這就是有力量／活著，但那是悖論式地，失去情感也同時失去生命。

　　這種死與活的內在衝突，喚起的無名恐懼有時表現為對於未來或者未知的害怕，在成年後害怕的崩潰早已在個體生命的初始發生。病人需要記得這件事，

然而卻因爲過去的這件事在發生之際，病人尚未在那裡，這形同尚未發生的事，便不可能被記得。唯一記得的辦法，是病人要在此刻——亦卽，在移情中——第一次經驗這件過去的事。這過去與未來的事便成了此時此刻的課題，得以被病人初次體驗；而病人爲了尋找未能經驗的過去，他只能透過從未來或者現在來尋找這個過去的細節。（Winnicott, D. W. (1974). Fear of Breakdown. Int. Rev. Psycho-Anal., (1): 103-107.）

　　精神病性的防衛，猶如一種無言的需求：在這防衛庇護所之外的世界，仍然充滿難以理解、無法思考因此無法記得的部分；而這在外在客體看來，則像是難以動搖的死意，說什麼都沒用、做什麼也沒用，彷彿有個難以連上文明部分的心智，古典精神分析給予詮釋的方式很容易成爲侵入，只能如等待種子發芽時，維持陽光、濕度與水分般維持治療關係的安穩，這是抱持（holding）與處理（management）。

　　治療師的反移情共演，是治療師無法涵容她的受挫和痛苦的一個例子。治療師和Ｃ一樣，對她的困難

  被一束黑暗，點亮起來

感到不知所措。她可以將治療師經驗爲一個犯錯並向她道歉的人。

道歉成爲一種眞實，只要是人，都無法滿足他人（成爲完美的部分客體），然而，沒有這種道歉，就如同自己內在的感受未能得到回應，這種跟客體使用（object use）有關的狀態，全能的客體要「一起」被殺死，才能發現，一起經驗一種無能，這種無能的情緒才會成爲眞實。

在抱持與處理的作用下，各種原始的身體感官不再無名地可怕，可以感覺餓、感覺冷，甚至感覺「要死了」，外在世界與內在驅力的連結可以被記得，同時自我也有能力發現更多的事，也就是自己是在接受客體的幫助下，能夠在存在中，對這些純粹的身體機能的個人經驗，開始有了想像的闡述能力。（Winnicott, D. W. (1962). Ego Integration in Child Development.）

References

1. Erica Robertson. (2003). Reflections on Analytic Work with a Woman Who Has an Addiction. Can. J. Psychoanal., (11)（1）:185-199
2. Winnicott, D. W. (1974). Fear of Breakdown. Int. Rev. Psycho-Anal., (1): 103-107
3. Winnicott, D. W. (1962). Ego Integration in Child Development
4. Winnicott, D. W. (1963). Communicating and not communicating leading to a discovery of certain opposites. In: D. W. Winnicott, The Maturational Processes and the Facilitating Environment. New York: International Universities Press, 1965, pp. 179-192.
5. Green, A. (1998). The Primordial Mind and the Work of the Negative. Int. J. Psycho-Anal., 79:649-665

第17章

記憶：現在突然覺得自己是個已死掉的人（二）──空洞的發展心理病理學

魏與晟

　　我想先從一種論述開始，關於成癮或成癮行為，其實是種「沒有」的感覺，而不是「有」。因為這種沒有，所以讓自己被一些更外在的東西控制，無論那個東西是藥物、酒精、性愛、網路或是任何可以讓自己的「沒有」隨波逐流而至少有個軌跡的東西。我想要區分這件事情，是因為也有「有」的成癮，像是藝術家、奧運選手、社區志工，他們都在做一些相當重複的事情，有時候還具有一定的強迫性，不做不行，但這些事情我們不會跟成癮聯想在一起，因為我們刻板印象上會認為這些事情好像是有意義的，而不加以譴責。這些事情雖然具有重複性且有時也令人感到焦慮或沮喪，但都「有」什麼在裡面，可以有些創意或

感受在裡面，進而產生意義，也不會完全被之操控。

　　我之所以會想要區分這兩種成癮，是想要把成癮從生理或行為層面切割開，而把這個議題與沒有這種「空洞」或「空虛」的狀態連結在一起，並把這種狀態當作成癮背後真正的成因，我們常常責怪為什麼成癮的人不能控制自己，但若那是個「空洞」的經驗，在那一塊經驗上就好像是個已經了無生氣的屍體，只有活著的人才會掙扎，死了的人頂多只會有種無所謂的感受。

　　這種空洞的狀態，若我們用相當認知心理學的術語來形容，就是缺乏對該經驗的「次級表徵系統」，所謂的表徵系統，是人對於自己經驗的後設認知能力，例如說我們能說出自己難過，那是因為我們心中對難過的感受已經有了概念，我們知道所謂的難過大概在指涉什麼樣的經驗，也就是說我們有了關於難過的表徵。有了表徵，難過就不只是一連串混亂的經驗，而是更是一種像概念的後設認知系統，若有了表徵，我們才能進一步去經驗或調控感受。所以我這邊的假設是，空洞的感受是由於缺乏對經驗的表徵系

統，而失去對經驗的理解與調控能力，最後才會被所謂的成癮行為所宰制。

然而人的表徵系統是如何發展出來的？就心智化理論而言，人類了解自己內在經驗的能力，是從依附關係，也就是童年點點滴滴的成長經驗中孕育出來的，而其機制就如同英國分析師溫尼考特所說的：「嬰兒在母親的臉中找到自己的形象」。這句話的意思是，嬰兒原本並不清楚自己的內在狀態，對這些狀態的理解也不會如動物一般，隨著發展自然而然就會了，而是透過一種特定的機制，那就是母親（或其他主要照顧者）的回應而達成。

當嬰兒或孩子經驗到自己某些狀態時，他會試著對環境（照顧者）表達出來，而照顧者會運用鏡映的方式回應嬰兒，透過這個回應或是看見，嬰兒能夠慢慢開始知道自己的狀態，被照顧者「整理」或「標記」出來，進而生成對該經驗的次級表徵能力。我們可以想像最簡單的母嬰情境，例如嬰兒因為餓了而大吵大鬧，母親安撫著嬰兒，並且用各種聲調或表情告訴他，他因為餓而在難過，嬰兒隨著成長，開始慢慢

有調整自己不舒服狀態的能力。

　　當然這邊只是舉非常單純的例子，在解釋母嬰互動中，如何讓嬰兒長出理解內在狀態的能力，然而這跟成癮實際上的關聯是什麼呢？那種缺乏表徵狀態、已經死去的感受、只能隨著成癮的生理感覺隨波逐流的狀態，跟母嬰互動有什麼關係呢？我們可以更細部的去看臨床的例子。在艾瑞卡・羅伯森的文章中，她舉了一位嚴重酗酒並且有厭食症歷史的中年女性個案當例子，當然這個個案有許多面向可以討論，但我這邊想著重看她與母親之間的關係，尤其是在經驗回應的部分。

　　我們可以說卡羅琳與母親的關係相當糾結，在成長的過程中也面臨到很多重的創傷。她在4歲的時候，就被捲進哥哥們的「性遊戲」中，哥哥們試著在房間中性侵她，文中沒有提到後續這個家庭是怎麼處理這樣狀況的，只有提到卡羅琳在分析中反覆夢見自己因為性而感到羞恥。另一個片段是母親在她心情不好時，拿自己的鎮靜劑給她吃。我們可以想像這個家庭在回應孩子鏡映上有系統性的問題，母親對於與性

相關經驗的態度，可能源自於自身未解決的創傷，這個創傷讓她遇到與性或相關的狀態時，會產生非心智性的回應，像是否認、謾罵、高度的投射。

對孩子來說，對性的感受或探索可能是相當自然的事情，然而當與性有關的經驗被表達時，母親並沒有回應孩子的經驗，而是把自身創傷性的經驗一股腦加諸在孩子身上，這時孩子從母親身上得到得不是自己的經驗，而是母親心中那些創傷性、非心智化的部分，這些來自於母親的「侵擾（impingement）」在卡羅琳的自我組織中形成了異化自我，就像一個怪物般不斷從自己體內在攻擊自己——也許她喝酒是為了要麻痺這個怪物——我們可以想像這種回應的扭曲是系統性的問題，哥哥們對性的經驗可能也被用很扭曲的方式回應，進而必須要把這些經驗「外化」或「投射」到妹妹身上，而在妹妹身上造成的創傷，家庭中也沒有人能回應，造成了惡性循環。

這個惡性循環第二個部分就是對於內在心智性的經驗匱乏，當卡羅琳青春期心情不好時，母親的回應是給予藥物，這一方面暗示著母親對於內在心智狀態

的失能甚至排斥，另一方面也暗示著用物質壓制感受是調節情緒唯一的手段。創傷加上沒有足夠的心智能力處理創傷，造成了非心智性的循環，最終的結果就是卡羅琳的酗酒行為。酗酒有兩層意義，第一是卡羅琳對於自身心智表徵的空缺，她無法用其他的方式來處理內在的感受，第二是酗酒複製了母親處理經驗的模式，因為她也內攝了母親的異化自我，這也是使他們兩人分不開的原因。

我們可以從文章中看出，在精神分析的治療中，行為矯治並不會放在優先的位置，或是那是我們必須與其他單位合作才能處理的事情。根據文章作者的描述，透過精神分析的治療，卡羅琳對於酒精的依賴轉移到了分析師身上，也慢慢開始可以經驗自己對母親以及過去創傷事件的感受，然而這有可能嗎？依賴酒精跟依賴一個人，是多麼不同的事情！若我們把分析師與酒精都想成是物質，那當然就不可能，然而若把兩者都想像成是空缺的心智功能，也許就說得通。

由於缺乏對感受的表徵，卡羅琳無法處理過去的創傷經驗，喝酒是一種在內在空洞的狀態下，維繫與

母親關係的一種方式，是這種與內在母親的關係，慢慢轉移到了分析師身上，當然也伴隨著各種情感一起出現。分析師並不是代表另一個成癮物質，而是重演的母親。或許我們會想像，在治療中的關係能夠修補過往個案與母親的創傷，然而這在學理上是相當大的問題，不過在治療室中的關係、各式各樣的移情，這些無疑都是豐富的經驗，我們未必能用這些經驗去填補個案的空洞，但是透過不斷的努力，必定有什麼東西會在那空洞中發芽。

在空洞的內心中，理解自己的母親死去了、自己也死去了、對性有關的感受死去了、各式各樣的情感也跟著死去了，只剩下物質拼湊出來的高樓大廈，如今也只剩下廢墟，然而用移情的養分不斷灌溉（當然中間會包含著許多創傷的重演，但都有機會重新被回應），新的東西會長出來。

我試圖連結心智化、表徵系統、依附關係、鏡映等概念，來建構出一套當代精神分析的成癮觀，希望能讓大家對成癮這個議題，有另一個角度的思考。

第18章

創傷：憤怒裡心身激烈交織的移情和受苦
（一）

劉又銘

今天我要讓自己的說話，從疑問開始，就好像面向一個個案所帶來的移情的疑惑那樣。

薩所羅蘭引言提到的：「關於最初照顧者的經驗，和童年被性侵的經驗、和後來使用藥物或酒精，做為屏障自己接近那些創傷經驗的說法，應是不少人都已聽過的論點。但是這些說法足以成為『前因後果』的論述，以及說那就是找到目前成癮問題的歸因了嗎？以及那些經驗會如何在診療室，變成對治療者的移情，我們對於這些移情如何看待？如何成為可以使用的治療素材？成為治療過程的工具？」

對我來說，是很困難的問題，我試著回到作者分析師Erica Robertson的文章（(2003). Can.

J. Psychoanal., (11)(1): 185-199, Reflections on Analytic Work with a Woman Who Has an Addiction.）來做爲聯想的背景，她提到的三個面向：「在本文中，我呈現了對成癮女性的一些分析的面向。病人的記憶和夢境是一種有關於描述一個女人如何試圖處理童年創傷經歷的方式。酒精成爲她適應和管理成年生活中無法忍受的情況的一種方式，而這些無法忍受的情況是她童年創傷的重複。我將患者在童年時期遭受的性虐待與她使用酒精作爲對抗那具壓倒性力量的情感與感覺的屏障聯繫起來。我努力展示成癮者與成癮物質的關係如何從主要照顧者開始，轉移到物質，然後轉移到精神分析師。……我在此描述了分析中出現的三個主題：患者的無助感、分析師所提供的涵容功能和替代功能，以及隨著分析的進行而出現的攻擊性。」

在進一步引用精神分析的知識之前，我注意到自己此時此刻的體驗。此時此刻在這個具有難度的問題上思考，就有如治療室中個案帶來問題給治療師的困難情境那樣；我試著拓展這些疑問，就好像在治療的

過程中會設法去聯想。此時我思考的點是，自己正在進行的事情是甚麼。我意思是，有一種重複的要去消化與拓展的模式在發生，從我閱讀薩所羅蘭的引言，去想Erica Robertson的文章，這如同治療師去想在治療中發生在個案與治療之間的事情，進一步延伸地說，個案在人生中發生的現象，會不會也是一種個案在想要去理解更深層的自己，而提問給自己的方式？

　　或許我到底是用了一個比較困難的方式還是比較簡單的方式來解釋，我也不清楚，但我試著這麼做。我是說，我也體驗了Erica Robertson體驗到的個案所體驗的事：被一個不能清楚找到答案的疑問所困住的經驗。而在面對這個疑問對我所帶來產生暫時不曉得怎麼說的現象，我在思考，治療師在思考，而個案也可能以她的方式在處理，這種暫時無以名之的體驗。這種過程像是時光隧道那樣，可以超過時間與空間，讓某種困惑的體驗，以問題的形式，以症狀的形式，或是所說的故事的型式被保留下來，讓此時此刻的思考者，可以感受到部分的新鮮，像是解凍肉品那樣地去感受。我聯想，這是事後來說所產生的作用

「après coup」，甚至也許是事後作用的目的。

在這裡我想我談到了無助感，以及這種體驗的傳遞。這種感受的傳遞、捕捉與說明，是心理工作的特色。我聯想到，我可以將之比擬為創傷與移情的關係，當無以名之的困惑發生時，人是如何處理的呢？是否試著保留這樣的體驗，只要先留下來，就有機會，就像先活下來再說那樣，將這樣的體驗封存，留給他者，這個他者卻可能是日後的自己，就像寫給長大的自己去看的一封信。這樣說起來，可能有多少無奈、懷念、難過、期盼，都在等著，當信被打開的那天，那些心情的期待，活躍於紙上。

所以說，成癮現象的體驗，如同憂鬱或焦慮，是一種對創傷的阻抗、防衛、與重新發展自體（Self）的企圖，有如移情關係，成癮現象的內容是在呈現早期客體關係的世界，有著那些掙扎，我將試著以Winnicott的論文，Through Paediatrics to Psycho-Analysis,100:174-193, Chapter XIV. Birth Memories, Birth Trauma, and Anxiety [1949]作為個案現象以外的材料，為這些現象做補充與著色。

「我認為我們可以說，如果嬰兒自我的個人發展在情感方面和身體方面一樣不受干擾，那麼事情進展順利。出生前肯定有情緒發展的開始，而且很可能在出生前就有能力在情緒發展中錯誤的和不健康的向前運動；在健康方面，一定程度的環境干擾是有價值的刺激，但超過一定程度這些干擾是無益的，因為它們會引起反應。在這個非常早期的發展階段，沒有足夠的自我力量來做出反應而不喪失身分。」

「我要感謝一位患者，因為我在早期階段對嬰兒的位置有著極其根深蒂固的欣賞，這是一種嬰兒的表達方式。這位患者有一位抑鬱的母親，她的身體很僵硬，孩子出生後一直緊緊抱住孩子，生怕摔倒。正是出於這個原因，有關的描述停留在壓力方面的事情。我們一起制定了以下陳述，最終證明在該分析中至關重要。對這一點的理解深入到了她的困難的底部，並且足夠準確地描述了，她在情緒發展中，再次出現之前必須做出的退行狀況。這位病人說：一開始，個體就像一個泡沫。如果來自外部的壓力主動適應內部的壓力，那麼氣泡是重要的東西，即說嬰兒的自己。然

跨出去 被一束黑暗，點亮起來

而，如果環境壓力大於或小於氣泡內的壓力，那麼重要的不是氣泡而是環境。氣泡適應外界壓力。隨著對這一點的理解，病人第一次感覺到，在分析中，她被一個放鬆的母親抱著，也就是說，一個活著的、清醒的、準備好的母親通過專注於她的嬰兒的品質，來做出積極的適應。」

這是我想連結著說的，維尼克特曾經說到為了適應環境讓個體存活，個體會出垷稱為假我（false self）的組織，而這組織，我想也肯定出現在移情當中作為一種對抗生存壓力的防衛，在那防衛姿態之中，刻有生存過來的歷史，以編碼的方式，就像肥厚的組織保護著未被癒合的傷口。

維尼克特說：「出生創傷的經歷在心理上是創傷性的。個人的個人繼續歷程被嬰兒自己對長期挫傷（prolonged impingement）的反應（reaction）打斷。當出生創傷很嚴重時，挫傷（impingement）和反應（reaction）的每一個細節都會以我們習慣（accustomed）的方式銘刻在患者的記憶中，當患者重溫晚年的創傷經歷時。

可以說，最重要的事情是，那個會藉由需要做出反應所再現的創傷。在人類發展的這個階段做出反應意味著嬰兒會暫時失去身分認同。這給人一種極端的不安全感，並成為所預期的進一步的自我喪失連續性的情況的基礎，甚至是在實現個人生活方面的原初性（congenital）（但不是遺傳的inherited）絕望。」

　　我並不是指說，在案例中出生創傷的重要性，事實上，因為生命的持續延續與發展，可能無時無刻都在經歷如同出生創傷同樣品質的過程，而在某些特別的事件上，這些被保留在內心世界的經驗，移情在這些創傷事件上面，這如同密碼在找尋保險箱那樣地吻合，開啟那些被保護組織所掩蓋的經驗。可以說，移情是用來保護這些未被理解的痛苦的，對幼小的嬰兒，既不讓它發現又要等待著被發現，就像捉迷藏的孩子那樣，隱藏著的目的，是為了被找到，但隱藏著的原因，也有著不想被找到的企圖。

　　那麼，在這個個案文本中，我們可以找到些甚麼呢？我試著重新使用文章作者提到的三個元素：患

跨出去　被一束黑暗，點亮起來

者的無助感、分析師所提供的涵容功能和替代功能，以及隨著分析的進行而出現的攻擊性。隨著分析進展而出現的攻擊性，可能是潛意識中所要隱藏的重要東西，一如移情分析後會出現的更多材料，或是夢境背後的BETA ELEMENT所組合起來的禮物。

我試圖將這邊的攻擊性，關連到Winnicott在《客體的使用》（The Use of an Object D. Winnicott, Int. J. Psychoanal., (50):711-716 1969.）中提到的對客體產生攻擊性的重要性，來設想個案對自我摧毀、重複創傷場景的意圖。

一開始，主體和客體是一體的，如同設想中，嬰兒的眼睛看到的母親不是獨立的母親，而是自己的一種（理所當然的原初自戀）。維尼克特在1969客體使用的論文中說：「這種變化（從關聯到使用）意味著主體破壞了客體。一個坐在armchair上的哲學家可以爭辯說，在實際中不存在使用客體這樣的事情。如果客體是外在的，那麼客體就會被主體摧毀。然而，如果哲學家從他的椅子上站起來，和他的病人一起坐在地板上，他會發現有一個中間位置。換句話說，他

會發現在主體與客體相關之後，出現了主體摧毀客體（因為它變成了外在的）；然後可能會出現客體在主體的破壞中倖存下來。」

　　哲學家離開了椅子，椅子還在，但椅子必須在哲學家心裡還在，哲學家才能用它。維尼克特說明說，第一個我的經驗，來自於發現了非我的存在，而第一個非我是過渡客體（也在外面也在哲學家心裡面的椅子）。嬰兒經由發現有「不是我」，才有「我」。這個「不是我」是從「主客一體」中被破壞，而倖存這件事則代表了破壞的創造力：輪椅即使離開「我」，仍然存在，簡直就是被創造出來的（對嬰兒而言）。

　　破壞是生命力，是一種影響，是力量，是經由破壞原本的狀態而得到生命的進展，是維尼克特口中說的（ruthless Love）。或者當從客體的opposition來看主體，有客體在才有主體在，而主體要用東西的話，用手去抓東西，東西一定受到手的力量，所以是破壞，再來，力量造成改變，但改變後不能毀滅，才能使用，用手去抓水球，水球不能破，破掉就不能抓住了。

回頭看，這種經過分析進展後出現的破壞力的重現，乃至之前破壞力的隱藏，都在移情以及成癮行為中存在著，但這是為了包存著個體發展、創造力恢復的可能，個案的狀態是如何試圖隱藏攻擊性而這導致了發展的停滯，而又如何試圖在成癮、移情等關係中努力試著恢復攻擊性。

　　當喝酒的時候，個案阻斷了自己的思考，試著把當下的情感體驗丟到酒瓶中隔離，這重複了早些年感受到的攻擊，與對攻擊之必要的阻斷：當性侵發生，這干擾或者令個體發生了無以名之的感受，這感受阻斷了個體本身的連續性的感受，而當找尋母親作為一種嘗試的解方時，被隔離的體驗，又成為了一種重複被打斷的經驗，個案的攻擊性（對事件的理解與處理，對母親的告訴）並未能夠存活下來，因為母親並未存活而是改變了，但是生存下來的必要則打斷了這種體驗，以至於這些無以名之的恐懼、攻擊、被打斷的體驗、攻擊的重要性，都在生存的必要下成為了必要被隱藏碎片。要生存，某些干擾就要被隱藏，但隨之同時，某些自己的攻擊（在這裡，對事物的理解與

控制，也被解釋爲一種攻擊，當對事物要求解釋或處理，那會改變了事物原先的樣貌，就像用手去抓水球那樣，改變它的形狀來改變感受那樣）也被隱藏。

攻擊性存活需要的是，一如Winnicott所言，治療師如同促進性環境的幫助，將無助感（有如症狀或夢境）的行爲與狀態藉由holding，讓無助感的移情，在治療本身充當能讓樹木發展的環境下，讓其開枝散葉。在治療室中，個案帶來的問題，也是一種對這世界的攻擊，但同時也是個案生命的發展的可能。治療師試著去做聯想，像是照著嬰兒的母親雙手，試著環抱個案的問題，試著做理解，同時也是對個案所帶來的問題的攻擊（同樣地，如果能同意以下這論點：理解本身是一種攻擊，但同時也是發展的機會），雙方像是拳擊場上的對手，透過不斷地攻擊，來理解發生在此時此刻之事，以及被帶來這時空中，需要在此時此刻逐漸找到與拆解的經驗。有如移情與反移情，主體與客體間的關係，或許那是有關於，個體如何去適應那不能被適應的，攻擊性的體驗，而藉由這個遊戲，創造出能讓攻擊性存活下來的空間。

我試著以創傷、移情、與攻擊性三者之間錯綜的關係，來組織對這個成癮現象的聯想與理解。希望這是對於這困難夢境的一個回禮。我想像，個案的內在也是害怕著與等待著，治療者的回禮，再一次回到如何適應的感覺，這是或許一再發生永不止息的生命的拔河。最後，我再繼續想著，怎樣的攻擊會存活，怎樣的攻擊則是無法存活的呢？

Reference

1. Reflections on Analytic Work with a Woman Who Has an Addiction, Can. J. Psychoanal., (11)(1):185-199, Erica Robertson, 2003.
2. Birth Memories, Birth Trauma, and Anxiety, D.Winnicott, Through Paediatrics to Psycho-Analysis, 100:174-193, Chapter XIV, 1949.
3. The Use of an Object, D. W. Winnicott, Int. J. Psychoanal., (50):711-716 1969.

第19章

創傷：憤怒裡心身激烈交織的移情和受苦
（二）

陳瑞君

依據Erica Robertson（2003）這篇文章，談論某位多重藥物成癮的女個案，在分析治療過程裡的感想。以下的概念說明，除了來自Erica的文章外，也不少來自於Ferenczi（1949）對於母語的混淆（Confusion of the Tongues）裡所提出的描繪。

[Slide 1]

個案Caroline她有兩個哥哥，分別大5歲和7歲，母親主要支配者，父亦有酗酒史。

成長史：母親生產後臥病在床，無力照顧她，將她交給護理人員。

被一束黑暗，點亮起來

童年的某些記憶：四歲時和哥哥去划船，小船卻被他們推離岸邊。她尖叫求救，感覺自己快被海水捲入。後小船漂至另一岸邊，才得以脫身。

[Slide 2]

個案曾有被性虐史：四歲時家庭度假時，被哥哥性侵，相當驚恐只能大哭。但她未告知父母。

但後來她會夢到她對男孩口交，感到羞愧且自責。

她小時候會邀請同伴一起玩性遊戲，羞愧，但無法停止。

到了青春期時，哥哥會從她身後走過來抓住她的胸部。

[Slide 3]

佛洛伊德曾描述「抵擋刺激的保護罩」（Protective shield against stimuli）的功能：保

護心智免受源自自體內在和外在世界的過度興奮。這種保護是必要的，以避免創傷性突發的風險。（Freud, 1920）

個案常常是處於啞口無言（speechless）：10歲，因準備週末要住朋友家，她在家洗澡時，媽媽走進浴室，一言不發地剪掉她的辮子，說「你朋友的媽媽不會綁辮子，會變得太亂。」母親的襲擊，她啞口無言。

來自母親的言語攻擊：青春期，媽媽對她的穿著，指責她的情色和淫蕩。

在她12歲時：媽致信給12歲男（只是偶然相識），指控他對她有性關係，Caroline雖感到恥辱，但無法予母親任何回應。

[Slide 4]

充滿了困境的人際關係：Caroline在14歲，交往大她2歲的男人。關係裡充滿了嚇唬及嘲弄，她卻無法離開直至她18歲結束。

開始使用鎮定劑（tranquillizers）：情緒來襲時把自己送回房「安定下來」、以前母親無法容忍她的任何情緒、送她至瑞士冷靜、服用鎮定劑、因無法忍受與母親分離。

Khan（1981）提到，「母親在孩子的成長過程中作為保護盾的角色……孩子繼續需要母親作為輔助自我來支持他不成熟和不穩定的自我功能」（p. 46）。

作者Erica認為酒精提供了一個保護Caroline的屏障，不是從別人身上，而是從她雜亂無章的思想和不可接受的感情中。由於母親在這個功能上失敗了，Caroline在青春期轉向藥片，然後在成年後轉向酒精和大麻，以提供這個「盾牌」。

[Slide 5]

情慾與溫情（Erotic V.S Tenderness）
Erica主張亂倫誘惑的典型方式是：成人和孩子是愛著彼此的，孩子懷著好玩的幻想，把母親的角色

帶給成人。

但這遊戲可能以情慾的（Erotic）形式出現，但仍然停留在溫柔的（Tenderness）層次上。

對於病態的成人來說，如果他們的穩定度和自控力被不幸，或使用麻醉藥物所擾亂的話，他們把孩子的遊戲誤認為是性成熟的欲望，甚至不顧後果地放任自己。

即使是受人敬重的清教徒家庭的孩子，也可能成為暴力及強暴的受害者。

[Slide 6]

難以想像兒童受暴後的行為情緒。通常第一衝動是拒絕。「不，不，我不想要，太暴力了，好痛！離我遠點！」，如果不是被巨大的焦慮所麻痺，這會是立即的反應。

孩子在身體上和道德上都感到無助，他們的人格尚未得到充分的鞏固前，無能進行抗議，即使只是在想法上，因為成人的強大權威使他們啞口無言，會奪

走他們的感知。

[Slide 7]

　　然而，同樣的焦慮，如果達到了某種程度，就會迫使他們像自動機器一樣服從侵略者的意志，揣度每個人的欲望並滿足這些欲望；他們完全沒有意識到自己，把自己和侵略者聯繫在一起。通過對侵略者的認同，或者我們說，內化，他作爲外部現實的一部分消失了，變成了內在的，而不是外在的；然後，在一個類似於夢的狀態下，就像創傷性恍惚一樣，精神內部受制於初級過程，也就是說，根據快樂原則，它可以通過使用積極或消極的幻覺來修改或改變。在任何情況下，作爲剛性外部現實的攻擊不再存在，在創傷性恍惚狀態中，孩子成功地維持了先前的溫柔狀態。

[Slide 8]

　　成人伴侶因悔恨而受到折磨和憤怒的粗暴行爲→

使孩子更加意識到自己的內疚和更加羞愧。

　　犯罪者幾乎表現得好像什麼也沒發生過，並安慰自己說：「哦，他只是小孩，什麼也不知道，他會忘記的。」

　　而在事件之後，有可能的現象是，引誘者往往變得過於道德化或篤信宗教，並努力以嚴苛來拯救孩子的靈魂。

[Slide 9]

　　脆弱且未發展好的人格，其突然的不愉悅感（sudden unpleasure）並非來自於防衛，而是來自於由焦慮所驅使的認同（anxiety-ridden identification）（因為她可能內攝攻擊者，而讓這種內攝成為她認同對方的方式。）

　　由於這些生命經驗，她的人格核心的發展卡住了，常見的情況是無法使用「同種異體」（alloplastic）的反應方式（即：主體嘗試去改變環境來適應），而以模仿的autoplastic（即：主體去

  跨出去 被一束黑暗，點亮起來

改變自己）的方式反應這些生命經驗。

Erica主張這是只由本我（id）和超我（superego）組成的心智，缺乏維持穩定的能力——就像孩子無法忍受獨自一人，就像缺乏母性的照顧（maternal care）及溫情（tenderness）一樣。

[Slide 10]

Caroline的生命經驗，也出現了她對於他人的過於理想化。

例如，理想化的丈夫：嫁給旅途中出現的男人／講述相遇故事時困惑／不確定自己發生了什麼／丈夫精力充沛／是個「負責人」／她希望被照顧和管理。

因她無力處理這些理想化的挫折，而引發的性冷淡，丈夫遠離忽略／感覺退縮、自責、被遺棄、迷失且逐漸消失隱形。

她自述後來開始飲酒，以克服失去丈夫這種充滿愛的存在的感覺。

她對先生愈來愈高的挑剔與批判，好像重覆了她與母親在潛意識裡的關係。

[Slide 11]

　　Caroline形容自己感覺透明，並表示她沒有「界限」的概念。

　　她自述是「扭曲變態，無法修好」、「我覺得我失去了一些永遠無法取代或奪回的東西。有些東西從我身上被奪走了。」

　　因此這一段治療：

　　Caroline每週來3次。她更能談論感受，包括她的丈夫對她的影響，雖然還很微弱。

　　在治療裡出現的移情，Erica認為仍然是一種理想化的母性移情。她尚無法表達對我的任何負面感受。

　　而在分析治療的過程裡，厭食症仍然存在，是許多內在衝突的根源。這是她體驗的「祕密世界」，至今還無人進入，只能試探性的。

她一生中的大多時間都保持沉默。她仍然害怕體驗和談論，她要我傾聽並見證，她不再想獨自面對她的經驗。

至於她的性經驗和厭食的關係：她在關係分手後，常是厭食症隨之而來。吃與性都是慾望和抑制（desire and prohibition）的入口，因而看來好像在性及食物上進行懲罰及剝奪。

因而她常在房內單獨進食，因此無人可見證到她的食慾和愉快（appetite and pleasure）。

[Slide 12]

結語：

正如Davies and Frawley（1994）所說：「與兒童性虐待的成年倖存者一起工作需要一種活力、一種存在、結合的一種力量、可用性和脆弱性的相關組合，這些都是既可怕的又帶有轉化的」。

主要參考資料

1. Erica Robertson (2003). Reflections on Analytic Work with a Woman Who Has an AddictionCan. J. Psychoanal., (11)(1):185-1991.
2. Sándor Ferenczi (1949). Confusion of the Tongues Between the Adults and the Child (The Language of Tenderness and of Passion)11. Int. J. Psychoanal., (30):225-230.
3. Khan (1981)
4. Davies and Frawley (1994)

第20章

移情：無助感裡罪惡撐起來的天空有多大
（一）

黃守宏

　　由一篇和成癮女性的分析工作文章出發，這個個案是藉由物質的使用來因應童年期的創傷經驗，個案以酒來處理無法忍受的情況，作者展示了個案如何從照顧者轉移至物質再轉到分析師上，分析過程中浮現了三個主題，第一個是個案的無助感，第二是分析提供了涵容的功能，第三是隨著分析進行出現的攻擊。今天主要探討的是無力感、無助感及罪惡感的部分。

　　物質成癮是個困難議題，有生物性的基礎，也有內在心理的機轉，今天當然著重在心理的機制上，最常見物質成癮的概化假設爲用以處理無法忍受的情緒，可能來自於對刺激的藩籬缺陷，因而以物質作爲替代的藩籬，Khantzian指出想處理的情緒主要是攻

擊情緒、焦慮、憂鬱、暴怒、及羞愧，也有人認為物質成癮者是在自我功能出了問題，無法有好的危險預期或是自我保護，接近Cloniger的性格理論（High novelty seeking，Low harm avoidance），換言之就是自我照護的功能的不彰，用此來解釋物質使用自我破壞的特質；但Khantzian則有不同觀點，他認為成癮行為是一種想掌控的企圖，藉由創造可控及可理解的不愉悅來掌控無法理解及被動受苦的經驗，像是佛洛依德孫子在玩的fort-da的遊戲一樣，找回主控感。

Caroline：

　　Caroline小時候曾遭受過哥哥的性侵，情緒崩潰，但媽媽卻叫個案回房間冷靜，她覺得自己扭曲了，無法復原，失去了什麼，無法被替代；媽媽除了無法保護Caroline之外，還干擾了她性心理的發展，快青春期時，媽媽的言語攻擊更加激烈，像是罵Caroline是花痴以及寫信給她的朋友指控對方，這都

跨出去 被一束黑暗，點亮起來

讓Caroline感到羞愧，十四歲時交了一個大她二歲的男友，二人的關係很有問題，Caroline覺得很無助，很明顯的是和媽媽及哥哥關係的重覆，分手後她很難過，但只要她出現了強烈的情緒，就會被送回房間，媽媽無法忍受來自Caroline的任何情緒，把她送去瑞士半年，並給了她鎮定劑，但她發現她無法忍受和媽媽的分開，此外，分手後，Caroline開始出現厭食，她認為自己身體太女性化，且對有性慾覺得罪惡，所以她懲罰自己个吃个性，她自己連結了吃和男友的性，都是口腔相關的，但對性和吃，她都是同時存在慾望及禁制。

後設心理學：

Kohut指成癮是自戀行為疾患，他認為是來自於母親無法成為一個理想化的自體客體，而物質是取代心理結構的缺陷；何以討論無力無助感會談到自戀，待會會談；Wurmser也強調藥物濫用者的自戀危機，是誇大自體及理想客體的崩塌，而藥物使用則

是面對自戀危機的反應，對自體的或他人的過度評價（overvaluation）會導致嚴重挫折，這些期待會轉嫁至成癮；McDougall則認為有些病患一有情緒就會發散出去變行為，她稱為「dis-affected」，特別是那些使用物質的人，代表的是避免情緒淹沒的強迫方式，所謂情緒淹沒的情緒也可以是正向的，她認為這種狀態是起源自母嬰關係。

　　媽媽一方面不碰觸孩子的情感需求，一方面又控制小孩的思考、感覺等，會導致一個憤怒的孩子，用盡各種方式掙扎地表現自己的存在的權利，成癮行為本身可以視為一種對抗爭取自主，Caroline媽媽對待她的方式，正完全符合McDougall所談的情境；Winnicott的理論十分強調促進性的環境，但Caroline顯然沒有，因為媽媽的保護持不足，使得Caroline的自我發展破碎，發展出假我來順應外面世界，倒轉情緒回到自身，許多事情都先以怪自己來解釋，再以物質來自我幫忙，成為了一個惡性循環。

跨出去 被一束黑暗，點亮起來

Caroline：

後來Caroline遇到先生，她理想化先生並期待先生可以照顧她，這是過去沒有發生的事，她否認和先生性生活的不協調，對自己的缺乏反應感到罪惡，當Caroline懷孕後和先生的關係更惡化，先生對她變得很挑剔，她覺得很無助，開始想自己做錯了什麼，總是在怪自己，此時，Caroline開始飲酒，來克服失去她的先生這個愛的對象，為了去因應無能感，她每天下午四點開始喝酒，再等先生回家，這樣和先生的關係事實上就是和媽媽關係的重覆，她接受了媽媽和先生對自己的評論且沒有憤怒攻擊的情感，但她發現喝了酒之後，憤怒及攻擊會浮現，即使Caroline持續地否認。

後設心理學：

對於成癮這件事有許多假設性的推論，精神分析也不例外，有很多對成癮的論述，但是無助感、無力

感較少被關注，提到無力感、無助感就得從自戀及全能控制談起，是一體二面的關係；成癮作爲對情緒狀態的全能控制，在心理創傷中主體會失去掌控情緒的能力，佛洛依德認爲自我的無力感是來自於被原慾驅力（affect）給淹沒，並伴隨過度的焦慮，Krystal強調心理創傷的核心就是無力感和無助感，一個對自己內在有力量處理可以視爲自戀的遺傳面向，Spruiell解釋自戀是有足夠心理功能的愉快，及可以調節情緒的內在安全感，綜上可知，自戀的核心是維持心理控制，而物質是個有效的方式來改變人的情感狀態，因此當一個人無助無力時，會用物質來重建全能及控制感。

在這裡有個悖論，因爲物質使用的目的是要重建控制感，但是成癮本身卻是一種失控，這個悖論是真實存在的，可以理解爲衝突的結果，一方面想要防衛無助無力感，一方面人格中的健康元素被淹沒。

物質拿來作爲重建權力感不一定是來自於物質本身的藥理效果，有些人在點完酒的當下就覺得抒解，可以視爲是要重建內在的主導權。

跨出去  被一束黑暗，點亮起來

無助及無力的經驗事實上是成癮的核心，AA的12個步驟中的第一步就是要承認對酒是無力控制的，此外，在AA中平靜地去接受我們無法改變的事情則是要去忍受無助感。

　　提到罪惡感，首先想到的就是超我，Wurmser：強調的是物質可以減少來自於超我的壓力，是一種對超我的反抗，並可以支持自我來脫離暴政，去否認壓抑焦慮、羞愧、或是罪惡，這些都是超我加諸在自我上的，而物質使用不僅可以擺脫這些不愉快的情緒，也可以重建自我的自主權利，消除無助感。這裡同樣的有個悖論：物質是用以消弭罪惡及羞愧感，同時會導致罪惡及羞愧感。自我的二面手法，物質的使用可以同時滿足原我和超我。

Caroline：

　　在前二個月的治療，治療師很快地變成冷靜且接受的媽媽角色，在治療師提出要增加治療次數時，Caroline嚇到，表示可能會跑掉；過程中，治療師

感到了一個需求，需要讓她活回來；後來治療改為二次，她很怕治療師承受不住，因為她經驗自己有強烈的依賴需求，她常在週末打電話，她對治療師的存在感很不確定，這時的治療師提供的是涵容功能，有一次她因為生病而未治療，她覺得自己壞，因為把自己的需求放在治療師前面；再後來，治療變成一週三次，隨著治療進行，Caroline開始注意到對媽媽及先生的生氣，而且她先生回家後她酒喝更多，無法克制對先生的生氣。

　　她的公公因為生病搬去他們家住，並期待Caroline照顧他，這個公公對Caroline也十分批評，搬進家裡的決定她無從表達起，覺得很無助，因而更焦慮於要放棄酒精或大麻，她總是用酒來管理情緒，重新恢復平衡，治療師後將她轉介至戒酒單位，同時持續治療，她以前是用酒來達到整合感，若有發生什麼不開心的事，會帶至治療室談，治療師再次接下媽媽移情，來聽上學時的故事；完成戒酒療程後，她還喝了三次酒，都是和先生吵架，她發現了無法表達生氣和喝酒的關係，治療繼續後，她可以談論她的

  被一束黑暗，點亮起來

生氣，以及對先生和公公的攻擊幻想。

後設心理學：

　　Khantzian and Mack曾寫過自我的self-soothing（自我安撫） and self-preservative（自我保存）功能，前者發生在前，成癮行為本身常自我保存失敗，但顯然的有很好的自我安撫作用，像是self-medication，當遭受到無法忍受的情緒狀態時，會產生出無力感，此時用物質來抵銷情緒，重新取得內在的平衡。

　　Krystal提出在成癮及身心症病人身上可看見alexithymia（述情不能），他們抑制了自我照顧，因為這是媽媽的功能，不可以去取代，在身體不適的後面其實是無助感，而物質可以作為一個外來物抒緩，無助感包含了很多其他情緒，像是不知所措、無能為力、憤怒等，而否認成癮行為本質可視為一種防衛，只外化覺得是物質控制了他們，這裡可以看到一個不同層次的序列：成癮行為→無助無力感→很多不

同的情緒，在病患身上出現的是相反的歷程，是一種簡化，也是一種迴避的防衛方式，而治療本身則是期待逆轉簡化的過程。

Caroline：

　　戒酒幾個月後，Caroline又開始厭食，治療師對於要不要談覺得二難，幾週後她問說到底要多瘦先生才會注意到，這讓治療師不是過渡涉入的媽媽就是忽略的媽媽，在幾次困難的治療後，治療師出現了反移情行動化，因為弄錯日期及時間，讓Caroline等了十五分鐘，這應該是因為治療師被指定了二個任務，一個是照顧客體，一個是闖入的壞客體，這相反的任務使得治療師癱瘓，治療師道歉後，Caroline說是她的錯，是為了保護治療師而把憤怒轉回自身，藉此保存了治療師理想化的角色。

　　當Caroline停止喝酒跟抽大麻，治療師變成成癮的替代，一開始，Caroline覺得治療師保護了自己，她發現和治療師的談話可以讓這些強烈的情緒較可以

  被一束黑暗，點亮起來

處理，較不恐怖，但還是較難在心智中留著治療師的再現，治療師並不像酒那樣的隨手可得，在面對先生時，她覺得孤單且無助，並且治療師未保護她，如同媽媽沒有保護一樣，代表Caroline沒有內在客體可以在嚴重焦慮時求救。

後設心理學：

Wurmser強調面對成癮行為最常見的反移情反應就是無助、挫折、憤怒；在自戀狂怒跟成癮行為都有著一個相同的特質－失去自我自主權。

自戀的脆弱性使得在無力感面前會形成自戀狂怒，而物質使用可以是對抗無力感的防衛同時也是表達由此產生的自戀狂怒。若我們用Winnicott的理論來說的話會是人的起始是絕對依賴，血淋淋的事實，但何其有幸有個母親在旁屏敝了這個現實，使得自戀和全能控制得以慢慢減退，然而若沒有這個促進性環境，則會導致自戀的脆弱性以及個體發展連續性的斷裂，治療可以提供相對有利的環境，讓病患在移情中

有機會重新去經驗修通。

　　心理治療期待的是共思的歷程，一個可以內化治療師成為心理再現的結果，Caroline的童年缺乏促進性的環境，客體再現不穩定，因此需要實際客體的存在，這也就是為什麼她無法離開媽媽去瑞士，非得治療時間外打電話確認治療的原因，而物質的可近性使得Caroline依賴，連結上一段，在治療室中的有利情況，可以慢慢促進穩定的客體再現，從而找回自我的自主權。

結語：

　　成癮的理論繁多，可以想像當中的異質性有多高，但不可否認的，無助無力感在其中扮演至關重要的角色，反應的可能是更多的情緒，更早生命的遺跡，尚有許多值得深思的地方，今天的分享如果個案的工作一般，只是起始而非終點。

參考文獻

Erica Robertson, Can. J. Psychoanal., (11)(1):185-199, 2003, Reflections on Analytic Work with a Woman Who Has an Addiction

Lance Dodes, Psychoanal. Q., (59):398-419, 1990, Addiction, Helplessness, and Narcissistic Rage

第21章

移情：無助感裡罪惡撐起來的天空有多大（二）
談反移情

郭淑惠

本文藉由Erica Robertson（2003）這篇文章，探討藥物成癮的女個案（卡羅琳）與治療師，在分析治療過程的移情與反移情。

文章案例片段

她（卡羅琳）說：「我必須瘦到什麼程度才能讓我丈夫注意到！」我相信卡羅琳用她丈夫來表達對我的移情。儘管她害怕侵擾（intrusion），但她希望我照顧她。因此，由於卡羅琳害怕身體和語言上的侵擾，她預料到了，而且確實希望如此。在這種情況下，我要麼是一位侵擾她的母親，要麼是忽視她的

母親。在經歷了幾次這類特別困難的療程後不久，我有一次反移情共演（counter-transference enactment）。我把我們的治療日期和時間弄混了，讓卡羅琳在候診室等了15分鐘。我相信我是在回應她沒說出口的需求——照顧她，但伴隨著我想要保持距離的需求。因此，我被賦予了關懷體貼的客體和侵入性的壞客體的雙重角色，作為她的分析師，這種矛盾讓我體驗到一種麻痺感。我道歉說這是我的錯，但她認為這是她的錯，她記錯時間。我相信她為了保護我不被她的憤怒波及，而將憤怒轉向她自己，從而保持她對我的理想化形象。然後她開始講述她是如何被醫生、她的丈夫、她的母親虐待的。當我說她可能會因為讓她久等而生我的氣時，她拒絕這說法。她沒有意識到對我感到生氣，但隨著時間的推移，她能夠像其他人一樣表達我讓她失望的感覺，她感到不被看見和被拋棄。

（Robertson, 2003, p.193）

（一）反移情概念的轉變

精神分析對於反移情（counter-transference）的看法經歷了較大的發展變化。

佛洛伊德於1910年第一次介紹「反移情」，認為它是案主對分析師的潛意識情感影響的結果，認為分析師應該意識到這種反移情的存在並且征服它，否則分析師將寸步難行。他表示：「在病人面前，醫生應該是不透明的，像一面鏡子，除了向病人顯示病人自己，不顯示任何別的東西。」（Freud, 1912）。佛洛伊德認為反移情使分析師無法正確地聆聽潛意識歷程，他視分析師的心靈為一種「工具」，而它最有效的功能被反移情抑制了。

後來英國客體關係和美國人際關係學派的興起，開始推動一個較寬廣的定義。對溫尼科特而言，精神病是「環境匱乏疾病」，分析師作為一個足夠好的環境，病人一定會向分析師傳遞他過去的資訊，並對分析師提出新的要求，分析師如何能保持中立，抑制的態度？他和同時代的幾位精神分析師，如海曼

（P. Heimann）、賴希（A.Reich）等人不約而同地提出了反移情的正面價值，視反移情爲能夠幫助分析師理解案主的資料後面所隱藏的意義（郗浩麗，2007）。

溫尼科特在1947年《反移情中的恨》論文指出：反移情是分析師在治療過程對案主情緒的、生理的和認知的反應，它是分析師對過去經歷和案主現在行爲的反射，從中衍生出的可能是治療者意識中的責任感和強烈的焦慮。他還指出，完整地利用分析師的情感反應，對於嚴重的人格障礙和其他嚴重的精神病案主的診斷和恰當的治療假設的形成，具有非常重要的意義。

廣義地來說，「反移情」一詞是指分析師在治療過程中所體驗到的想法和感覺，這些都與案主的內在世界有關，分析師可以藉此來理解案主。

（二）反移情中的恨

在溫尼科特關於《反移情中的恨》的論題中，有

兩種平行的恨，一種是母親對於新生兒的恨，另一種是分析師對於退行的、貧乏的精神案主的恨。恨的能力意味著個體已經能夠讓矛盾情感並存。溫尼科特認為這是一個發展的成就，標誌著嬰兒已經達到了相對依賴和擔憂階段。

在《反移情中的恨》文中，關注於分析師的情緒緊張，亦即分析師在與精神案主工作中所承受的緊張的情緒激起了分析師的恨，但這恨是案主所需要的情緒輸入，正如嬰兒也需要恨一樣。溫尼科特不接受克萊因認為恨是嬰兒天生的，是死本能的體現的觀點。他認為恨的能力——意識到恨與愛有明顯的區別——表明嬰兒達到了情緒發展的一個更高的階段。

溫尼科特提到：「把一個兒童帶到另一個家裡，給他愛——這是完全不夠的。實際上，過不了多久，他就獲得了希望，然後開始檢驗他所發現的環境，看他的保護人有沒有能力恨他。看來只有當他體驗到被恨以後，他才能相信自己得到了愛。」（Winnicott, 1958）。如果這兒童沒有得到恨，如果他身上那些不可接受的東西沒有被注意，那麼他的愛和可愛之處就

不會顯得真實。來自養育者的「適當的恨」是真正關係的一種功能（郗浩麗，2007）。

同樣，在抱持的分析情境中，分析師對案主的恨的表達是案主重新建立真實感、發展既愛又恨的能力的重要途徑。「在分析的特定階段，案主會有意尋找分析師的恨，他所需要的是真實的恨。如果案主找到了真實的或合理的恨，他必須能夠對其產生影響，否則他不能感到他達到了真實的愛。」分析師也必須使自己處於一個類似於新生兒的母親的立場（Winnicott, 1947）。

（三）投射性認同與反移情共演

投射性認同與反移情共演（counter-transference enactment）都涉及兩人治療關係中類似的過程。

投射性認同的概念廣義來說包括兩個步驟：一、某個自體或客體表徵（經常伴隨著某種情感狀態）被投射性地否認，而無意識地置於他人身上；二、投射

者利用人際壓力暗推（nudge）另一人去體驗或無意識地認同那個被投射上去的東西（圖1及2）。第一步驟可以視為某種移情，第二步驟則可視為反移情。

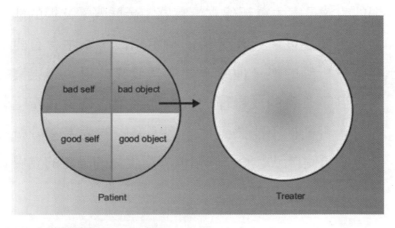

圖1：投射性認同——步驟一
案主拒絕並投射某個壞的內在客體到治療者的身上
來源：Reprinted from Gabbard G. O.(2000). Psychodynamic Psychiatry in Clinical Practice, 3rd Edition. Washington, DC, American Psychiatric Press.

跨出去 被一束黑暗，點亮起來

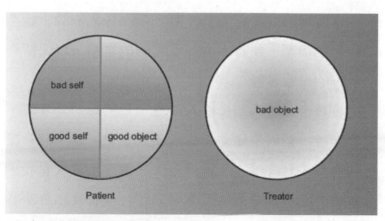

圖2：投射性認同——步驟二
治療者在回應案主所施加的人際壓力時，開始無意識地覺得且
／或在行動上，表現得如同被投射的壞客體（投射性反向認
同）
來源：同上。

　　卡羅琳第一次接受治療是在她18歲從瑞士返回蒙
特利爾後開始的。治療師要求見她的父母，在晤談
時，他與案主的母親對質她的霸道和控制行為。卡羅
琳突然結束治療；她無法忍受聽到任何關於她母親的
負面消息。她必須把她當作好客體，把她自己當作有
問題或有病的人。（Robertson, 2003, p.188）

卡羅琳將內在的憤怒投射到第一任治療師，她否認自己的憤怒，並將治療師視爲壞的客體，以保留心中全好的母親客體

這時卡羅琳第三次進入治療。她與她的治療師，一位女性，談到了她丈夫的統治和批評。治療師希望一起看到這對夫婦。卡羅琳勉強同意了。這次會談，她被丈夫挑剔和貶低的行為嚇到了，覺得自己無法為自己發聲。她的丈夫和她的治療師進行了激烈的交談。卡羅琳完全被排除在外，感到羞辱和羞愧。在那次會談之後不久，她結束了治療。她向治療師展示了一種非常被動的舉止，幾乎完全否認她的攻擊性。我相信治療師對她採取了保護措施。但是卡羅琳的攻擊性沒有得到認出和承認，因此羞辱和憤怒不僅與丈夫的行為有關，而且還針對治療師拒絕讓她有機會表達自己的感受。對她來說，這是第一次治療師與她母親相遇的重複。（Robertson, 2003, p.190）

卡羅琳將侵入的母親投射到第三任治療師身上，治療師在過程中無意識地以壞客體——母親不給女兒表達般地行動。

  跨出去 被一束黑暗，點亮起來

（四）涵容

前面提到的我的反移情共演是我無法涵容
（contain）她的痛苦的例子。我和她一樣，對她的困
難感到不知所措。當我們探索這件事時，她能夠表達
她的失望，並且可以忍受這種負面情緒。她能夠體
驗到我是一個犯了錯誤並向她道歉的人。我相信分
析師作為一個新客體提供了一致性可用性的形式。
（Robertson, 2003, p.196）

在某種心理治療的脈絡下，會發生第三步驟。
投射的接收者——治療師，涵容並忍受該有問題
的自體或客體表徵以及連帶的情感，且處理該被
投射的內容，容許它們被收回（以某種稍微更改
過的形式），或者由原先投射它們的案主再內攝
（reintrojection）（投射性認同——步驟三）。在
此狀況下，該投射性認同的建構，可被視為既是某種
內在心理的防衛，也是某種人際溝通。甚至可視它為
具有治療的意涵，其中案主看到治療師可以容忍困難
的內在狀態，而那似乎是他所無法忍受的，當案主收

回該投射出去的內容——該自體或客體表徵，連同伴隨它的情感，乃在某種程度上被加以修正，隨著時間在案主的內在客體關係中產生某種改變。

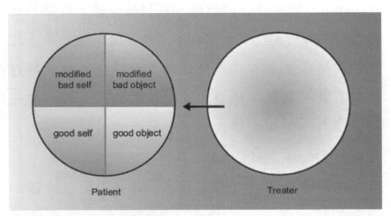

圖3：投射性認同——步驟三
治療者涵容並修正該被投射的客體，然後由案主再內射並予同化(內射性認同)。
來源：同步驟一與二。

我與卡羅琳工作的另一個主題是，我既是她的容器（container），又是酒精的替代品。她在無會談日和周末所經歷焦慮，在和我通過電話時得到了一定程度的緩解。卡羅琳能夠將她的擔憂和擔憂寄託在我、分析師／母親身上，而我能夠涵容它們（Bion,

跨出去 被一束黑暗，點亮起來

1994）。她可以放心，我能抱持（hold）他們，直到我們再次一起工作。Davies和Frawley（1994）將其描述為「轉換在外部『抱持』和內部再工作之間；在包容和整合的背景與積極解釋的前景之間」（p.203）。Johnson（1992）進一步談到了抱持環境的重要性，「它鏡映了他（她）的自我表現，並承認自戀受損，允許他（她）漸近闡述內心想法、感受和願望的體驗」（p.122）在分析師身上尋找這種自我安慰活動的替代品（Johnson, 1992; Davies & Frawley, 1994）。當卡羅琳停止與酒精的關係時，我成為了她所依賴的新「客體（object）」。她的依賴需求從酒精轉移到了我身上（Johnson, 1992, 1999; Wurmser, 1974）。（Robertson, 2003, p.195）

涵容（containment）可以視為投射性認同被代謝化解（metabolized）的過程。治療師從想案主的想法，到想自己的想法的這個過程（Gabbardand Wilkinson 1994）。

Bion（1962）以「涵容者」（container）和「被涵容」（contained）這兩個概念，清楚地說明

投射性認同的發展過程，並認同它是一種正常的反移情，在此過程中案主和分析師之間移情——反移情的動力是有建設性的。Bion的理論中提到，案主會把感覺傳遞給分析師，經過分析師的消化後，再以一種修飾過的，可以被接受的形式回饋給案主。

　　Baranger（1993）提出案主與分析師共享著雙方的潛意識幻想，Langs（1978）認為反移情是一種互動現象，這也貼近Bion（1952）主張一團體治療中會形成團體意識（group mind）。案主希望分析師能瞭解他的感覺，他藉著強化投射，想讓分析師置身於他內在的場景，迫使分析師扮演某一角色，企圖將潛意識的幻想帶到現實中，Sandler（19766）將這種情況稱為分析師的「角色反應（role responsiveness）」。當兩個角色持續互動著，分析師需要能涉入，也能保持距離，傾聽案主的同時又看見自己，以跳出案主要他扮演的角色，思索它們是如何再創造案主的內在客體關係。把分析師當成冰冷的反射鏡，已是個不適用的隱喻，也不再是令人滿意的技巧。臨床上的重點必須放在案主

投射到分析師身上的內容，以及分析師能夠「轉化
（metabolise）」或「消化（digest）」這些感覺的
能力，而不隨著案主所設定的角色起舞。

參考文獻

郗浩麗(2007)。客體關系理論的轉向：溫尼科特研究。福建教
育出版社，福州。

Gabbard G. O.(2000). Psychodynamic Psychiatry in
Clinical Practice, 3rd Edition. Washington, DC, American
Psychiatric Press

註：

薩所羅蘭精神分析的人間條件10：成癮工作坊

臺北市立聯合醫院／昆明防治中心
心理健康與成癮預防衛生教育推廣課程

主題：某藥物成癮案例的夢、記憶、兒時創傷和移情：解讀和
推想文獻裡某案例的精神分析過程

主辦單位：臺北市立聯合醫院／昆明防治中心
承辦單位：薩所羅蘭
日期：2022年11月13日（星期日）
時間：08:30-12:30（08:00開始進場，網路者亦同時間可進
網。）
地點：台北市大安區復興南路二段285號3樓之1（薩所羅蘭講
堂）
（捷運文湖線，科技大樓站，出站後往左走一分鐘）
報名：講堂現場限25人、另同步網路直播（僅限事先報名者，
前一天寄送網路連結）
參加對象：診所相關專業人員、臺北市心理衛生工作者、社會
工作者與臺北市學校輔導老師。
《公益講座，免費參與》

跨出去 被一束黑暗，點亮起來

（主持人：蔡榮裕）

1. 夢：破碎的自己勉強支撐塌下來的一場夢（王盈彬醫師、蔡榮裕醫師）
2. 記憶：現在突然覺得自己是個已死掉的人（陳建佑醫師、魏與晟心理師）
3. 創傷：憤怒裡心身激烈交織的移情和受苦（劉又銘醫師、陳瑞君心理師）
4. 移情：無助感裡罪惡撐起來的天空有多大（黃守宏醫師、郭淑惠心理師）

主要文獻：

Erica Robertson, Reflections on Analytic Work with a Woman Who Has an Addiction, Can. J. Psychoanal., (11)(1):185-199, 2003.

第22章

溫尼科特觀察被玩的「鴨舌棒」：嬰孩「野蠻人」口水裡流露的心身原始精神現實

陳瑞君

從罵人「歇斯底里」，目前更常聽到罵人「自戀」或「分裂」，反映著什麼心理典範的轉變呢？佛洛伊德提到內心幽微處，尤其在《圖騰與禁忌》裡，以原始本能（primitive instinct）或以原始人（primitive horde, primitive tribe）的思維，來比喻思維的原初思考（primary process），但那是什麼呢？他以原始人、精神官能症者和小孩，三者來類比並推論和建構，他對原始部落的原始（primal）父親的矛盾情感。我們從佛洛伊德的「嬰孩式欲望」（infantile wish）談起，到後來的遊戲治療，以及小兒科醫師兼精神分析師的溫尼科特（D. W. Winnicott），對於primary、primitive特質的聚

焦，思索的是從歇斯底里，到自戀、邊緣和分裂的理論變遷。這裡的原始性，不再是「精神官能症」層次，而是更原始的「精神病」層次，但這到底是什麼意思呢？

從精神分析史上一個重要的「Fort-Da」的遊戲開始，它意指佛洛伊德的孫子在母親不在的時候，透過拉線的看見與看不見，來顯示兒童心智裡對於客體離開及客體恆存感的掌握感，似乎只要線頭還是在自己的手上，這讓我們逐步的認識了孩子發展和控制外在世界的方式，這是人類以文明方式處理缺憾的一燭火光，同時呈現了人類內在原始的黑暗大陸與文明的光亮世界。

溫尼考特原本是一位小兒科醫師，在英國倫敦的Paddington Green Children Hospital執業40年，初始受克萊恩理論的影響，及逐年發展出個人的理論視野，他的理論興趣在於從人類的「原始性」到心理「成就」的這兩個來來回回的端點之間，研究人類之所以能有所成就或帶來貢獻的發展裡，闡明個體如何從「非我」中認識了「我」，其中很重要

的關鍵在於一個「環境」的提供，之於這一點是有別於佛洛伊德及克萊恩的，溫尼考特他認為的環境，表明了母親提供及扮演促進性的環境（facilitating environment）的重要角色。

或許這與一般的「母職」的說法有這麼一些雷同的論調，或者是在跟佛洛伊德及克萊恩之間，看似有種踩著一些大家習以為常的概念，然而，一再的閱讀溫尼考特，或許才能慢慢的隨著他這30來年之間的論文發表，逐步在基於這些雷同的論調或概念當中，一次又一次地如同脫殼般的卸下了不同於克萊恩、佛洛依德或一般所謂母職概念，建構出他對於成長獨有的核心概念及看法，例如：嬰兒式的全能幻想、我與非我、成長中的過渡空間、環境母親及客體母親所形塑的錯覺與幻滅、孤獨與關懷的能力等。溫尼考特一生中一系列的不斷發展的概念，將兒童的發展，從嬰兒期的母嬰關係開始，至個體的自我建構至社會及團體化的層次，最後延伸至具有創意的文化領域的宏遠影響。

我這個部分主要來自於兩篇論文，第一篇是在

1941年的文章《在特定情境下的嬰兒觀察》（The Observation of Infants in a Set Situation），這篇文章清楚的讓我們看到了溫尼考特如何以「參與觀察」的角色，與數萬對的母子互動，及他從嬰兒及母嬰關係中觀察出了什麼呢？這將會是我這篇文章的論點。

溫尼考特說他大約二十多年以來，一直在觀察在帕丁頓格林兒童醫院的診所裡的嬰兒，在許多案例中，他記錄了嬰兒在特定情況下的細微細節，他希望逐漸聚集這些細節，並呈現許多重要的實踐和理論。從這樣的工作中，溫尼考特想盡可能地描述觀察的情境，他稱之為「特定情境」，即每一對來到他面前諮詢的母嬰所處的情境。

溫尼考特在文章車引用了一個7個月大的嬰兒為案例，她在觀察期間患上了氣喘，這是心身學中相當有趣的一個問題。

一對對的母嬰在溫尼考特稱為相當大的診間外的廊道等待，一對母嬰出去，下一對再進來。之所以要選擇一個空間很大的診間，溫尼考特說是因為在母親

抱著孩子從進診間門口的開始，到走到他的診療桌前的這一段時間裡，他可以觀察到的事情既是饒富趣味且富有意義的。溫尼考特同時在觀察的期間既是取得了與媽媽的聯繫，也透過他自己的表情與孩子取得聯繫。

　　溫尼考特請媽媽把嬰兒放在媽媽的膝蓋上。按照慣例，溫尼考特會在桌子邊緣放一個直角的閃亮亮的壓舌板，如果嬰兒想要拿取它，這是個好的位置與角度。通常，我和媽媽會儘可能的減少對孩子的影響或暗示，這樣就更可以說是出於孩子自己的意願。此時，去理解媽媽是一個怎麼樣的人也是很有價值的，她們通常會願意接受溫尼考特的建議，但可以觀察母親們是否有能力或相對的無能遵從這些建議，這也反映了她們在家中的狀況，或許她們會擔心感染，而有強烈的道德感反對把東西放到嘴裡，或許在衝動或急忙之間，這些特徵都會顯現出來。

跨出去 被一束黑暗，點亮起來

【嬰兒行為】

嬰兒不可避免地會被閃亮的，擺動的金屬物體所吸引。在我們面前的這個嬰兒，被一個閃亮亮的物體所吸引，現在我來描述一下，在我看來，這是一個正常的事件序列。

第一階段：

嬰兒伸手向壓舌板，但突然間意外的發現他對此狀況加以思考，陷入困境，身體靜止不動、睜大眼看著我及他母親，一面看一面等待著，或者，在某些情況下，他完全不感興趣，把臉埋在母親的衣服前面。通常這種情況是可以掌握的，這樣就不會太積極的給予安慰。觀察孩子逐漸而自發地恢復對壓舌板的興趣是非常有趣的。

第二階段：

在「猶豫期」，嬰兒會保持身體不動。漸漸地，他變得足夠勇敢，讓自己的感情發展起來，因為嬰兒

逐漸能接受自己渴望壓舌板的事實，嘴巴內部變得鬆弛、舌頭厚而柔軟、唾液開始潺潺流出。沒過多久，他就把壓舌板放進嘴裡，用牙床磨著，或者像是模仿父親抽煙的樣子。嬰兒現在有了自信的態度，而能自由自在的玩著壓舌板。在這一階段，可以看到嬰兒逐漸變得大膽，讓自己的感受得以發展，用來達成自我表達的目的。

在這個階段，要想把壓舌板放到孩子的嘴裡，除了運用野蠻的方式之外，都是不可能達成的。在某些較為壓抑較為強烈的案例中，我將壓舌板移向他，會因此而尖叫、心理痛苦、甚至腹痛。我們可以看到，當孩子已有了個人的期望、慾望時，若是以好心而強迫餵食的方式，會阻礙小孩實際的願望，這是一種冒犯的過程。

當嬰兒似乎在第二階段能夠自在的玩著壓舌板，在他的能力範圍內，他可以用來表達自我。他用它敲打桌子或桌子附近的一個金屬碗，儘可能的發出很大的聲音；或者他把它放到我和他媽媽的嘴裡，如果我們假裝吃它，他會非常高興。它肯定希望我們玩被餵

食的遊戲，如果我們愚蠢地把東西放進嘴裡的話，反而破壞了這個遊戲，嬰兒會很生氣。

第三階段：

　　嬰兒一開始好像是不小心弄掉了壓舌板。若拾起來還給他，他就會高興地再玩丟掉壓舌板的遊戲，他故意讓它掉了下來，徹底地享受著能夠積極拋棄它的樂趣，尤其是當它接觸地板時發出清脆聲響的聲音時，他感到特別高興。第三階段的結束是，當嬰兒想要把壓舌板放在地上，或想繼續放嘴裡玩它，或者當他厭倦了壓舌板，去玩其他東西，就結束了。

　　這個設定情境的嬰兒觀察只有在大約5個月到13個月大之間的嬰兒。在嬰兒13個月大後，對物體的興趣變得很廣泛，壓舌板可能會被忽視。

　　從上述溫尼考特特定情境的嬰兒觀察當中，讓我們看到了從嬰兒期開始，關於人對於想望之物投注其慾力的態度是有所演變的，也是自己在面對或接觸到內在慾望時，所昇起的幾種可能性，或許可能是靜止

而不知所措的、或是因痛苦困頓而別開頭的、不論是妥協、逃離或靜止的觀察環境，都展示了人在形成慾望但還不能掌握、使用慾望客體這個過程當中的心理複雜性。多餘的鼓勵、暗示或達成滿足，都是無法讓慾望安靜形成的嚴重的破壞行為，也就是當人在感受非我的歷程中，想要探求之時，只有在對環境的探索得到滿意的結果後，才能夠再次找到她的慾望。

這也暗喻了在心理治療的關係當中，個案是否有發現所謂閃亮亮的壓舌板？他如何接觸與面對自己的慾望形感？會以何種方式來展現對所慾求之物的探取？治療師面對著個案的慾求，我們的介入會不會少了觀察，而太快就想直接以問題解決的方式來滿足個案的慾望，以減少那種在我們反覆躊躇所帶來的不適感或焦慮感？破壞了個案本身在環境互動中的所做的探詢、嘗試或體驗？

【一個案例的觀察報告】

瑪格麗特是一個7個月大的女孩，她的母親把她

跨出去 被一束黑暗，點亮起來

帶來，因爲在會診的前一天晚上，她整晚都在氣喘地呼吸。除此之外，她是一個非常快樂的孩子睡得好，吃得好。她和父母的關係都很好，尤其是她的父親，一個夜班工人，經常見到她。她已經說了「爸爸—爸爸」，但沒有說「媽媽」。她遇到麻煩時會找爸爸，她爸爸可以讓她睡覺。她有一個比她大16個月的姐姐，她很健康，兩個孩子在一起玩，互相喜歡，儘管嬰兒的出生引起了姊姊的一些嫉妒。瑪格麗特的外婆跟媽媽在懷孕時都患有氣喘。瑪格麗特在特定情境中被觀察到兩次的氣喘發作，她近三日都只睡10分鐘，尖叫、顫抖的醒來，把拳頭放嘴裡，顯然有些強迫、焦慮的症狀。

在【第一次的觀察會談】當中，壓舌板就放在桌上，瑪格麗特很感興趣，看了它一下，再看看我，睜大眼睛嘆著氣。這個狀態大約持續了五分鐘，仍無法下決心去拿壓舌板。過一會兒，似乎她可以確定我跟她媽媽，可以待在那個狀態中——不做什麼的狀態，之後，她終於有能力去拿壓舌板了。

【第二次的觀察會談】

　　瑪格麗特伸手拿起壓舌板，像第一次一樣，再次猶豫不決，氣喘，又一次逐漸變得能夠張口並充滿信心地享用壓舌板。與之前相比，她更渴望表達自己的想法，啃咬時發出聲音。

　　她很快就故意放下了它，並把它放回去時充滿著激動和發出聲響，並且看著母親和我，顯然很高興，腳踢了踢。她玩了一下後，然後扔下壓舌板。她再將壓舌板再放回嘴裡，用手興奮的把玩，然後開始對附近的其他物體感興趣，包括碗。最終她丟下了碗，似乎想下去，把碗和壓舌板放在地上，此刻她非常滿意。玩起腳趾壓舌板、碗，也看著我們。但不要壓舌板和碗放在一起。最後，她拿起壓舌板，似乎要把它們放在一起，但她只是將壓舌板與碗的相反方向推開。當把壓舌板被拿回來時，她拿它敲碗，並發出很大的聲響。

跨出去 被一束黑暗，點亮起來

【氣喘與猶豫是什麼】

在兩次的觀察會談當中都有發生。瑪格麗特坐在母親的腿上，桌子隔開了她們和我。母親用兩隻手將瑪格麗特抱在胸前，支撐著她的身體。因此，很容易觀察到瑪格麗特在何時出現支氣管痙攣。母親的手表明了胸部的誇張起伏，長長的吸氣和長時間的阻塞性呼氣，可以聽到吵雜的呼氣聲。

特別是在瑪格麗特猶豫著是否使用壓舌板的期間，兩次都發生了氣喘。她將手放在壓舌板上，然後在控制自己的身體、手和周圍環境的過程中氣喘發作，包括非自主地控制呼氣。再來，我觀察到她唾液開始分泌，然後享受了幾分鐘與壓舌板的口腔體驗。我和瑪格麗特的媽媽能待在原來的狀態中，這種種起來像是無為的態度，並非不作為，而是持著不過份干預、自然順勢的態度。

當瑪格麗特開始對口中的壓舌板充滿信心，唾液流淌，靜止狀態轉變為享受活動的樂趣，以及觀望變得自信時，氣喘就此刻停止了。

後續的追蹤是瑪格麗特在21個月以後沒有氣喘了。儘量她還是容易有氣喘的問題。由於特定觀察的方法，我可以從這個案例中推斷出氣喘發作及其與嬰兒情緒的關係。我的主要推論是，在這種情況下，氣喘和焦慮之間有足夠密切的關聯。氣喘的發生通常與猶豫有關，而猶豫意味著精神上的衝突。一種衝動已被激起。這種衝動是暫時被控制的，氣喘與衝動被控制期間的兩次巧合。

　　首先，猶豫顯然是焦慮的表現，儘管它看起來很正常。

　　正如佛洛依德（1926）所說，「焦慮是關於某些事情」。因此，有兩件事需要討論：「在焦慮狀態下，是身體和心智的事情，以及存在焦慮的某些事物。」

　　如果我們問自己為什麼嬰兒在第一個衝動動作之後會猶豫，我想必須同意，這是一種超我的表現。關於這一現象的來源，溫尼考特得出的結論是，一般來說，嬰兒的猶豫會用父母的態度來理解，因為他已經學會了源自於媽媽的期待，包含他玩或說什麼的時

跨出去 被一束黑暗，點亮起來

候，如：不贊成，甚至生氣。在某些情況下，父母的態度的確會產生很大的影響。

　　不管是否母親的態度決定了嬰兒的行為，我認為猶豫意味著嬰兒已有一種期待是，他的放縱將會產生一個憤怒的、或是報復的媽媽。他必須在他的頭腦中有憤怒母親的概念。佛洛依德（1926）說：「如果外在（客觀）的危險對自我有重大影響，那麼它必須設法內在化。」

　　如果母親真的很生氣，或孩子有真正的理由預期她會在會診中拿起壓舌板時生氣，會導致嬰兒的憂慮性的幻想，儘管母親對這種行為相當寬容，甚至有這種期望，但嬰兒還是猶豫了。焦慮的「某物」在嬰兒的心中，一個潛在的邪惡或嚴格的想法，在嬰兒心中的任何東西都可能被投射到新情況中。無論哪種情況，他都必須首先抑制自己的興趣和欲望，只有在對環境的測試取得令人滿意的結果時，他才能再次找到自己的欲望。而溫尼考特提供這樣一個測試的設置。

【結合克萊恩的觀點】

不是每個人都能接受嬰兒有幻想的觀點，但可能所有分析過兩歲兒童的人都認為，有必要假設一個嬰兒，即使是像我前面引用的7個月大的氣喘兒，也有幻想。它們充滿了內容和豐富的情感，可以說它們為以後所有幻想生活的建立提供了基礎。

嬰兒的幻想不僅與外在環境有關，還與人的命運、人與人之間的相互關係有關，人們以幻想的方式攝入了他自己——最初是他自己對食物的攝取，後來才被視作為一種獨立的過程——並建立起了內在的真實的基礎。孩子會認為在他內在東西是好的還是壞的，就像外界東西是好是壞是一樣的。好和壞的本質，取決於在攝入目標的過程中可接受的相關性。這反過來又取決於破壞性衝動及愛的衝動的相對應強度，以及個體對破壞性傾向所產生的焦慮的容忍度。

與這兩方面有關的是，必須考慮到兒童防衛的性質，包括兒童作出補償能力的發展程度。我們可以這樣總結：孩子保持他所愛之物的活力和保持他對自己

跨出去 被一束黑暗，點亮起來

愛的信念的能力，在某種程度上對外在事物的好壞有重要的影響。此外，正如梅蘭尼‧克萊恩所展示的，內在和外在現實之間存在著不斷的交換和考驗，內在現實總是與外在客體有關的本能經驗和來自外在客體的貢獻（只要這種貢獻能夠被感知）而被建立和豐富，外在世界被嬰兒不斷地感知著，個人與外在世界的關係也因為個體有一個活生生的內在世界而變得豐富起來。

談到內在精神現實的想像，與外在現實的關係，或許，我接下來就要接到我的第二篇文章，談談精神分析裡面的內在現實是什麼？在此引用法國分析師Widlöcher在2006年的一篇文章《精神現實：是信仰還是錯覺？》（暫譯，Psychic Reality: Belief or Illusion?）來談談在精神分析當中很重要的觀點，即以精神現實為心理學的探究基礎。

在文章之初，即開宗明義的說道「精神分析的傳統相信精神現實」，在與宗教傳統主義者辯論時，精神分析學家透過佛洛依德的聲音，從《錯覺的未來》（The Future of an Illusion）一文中引入了一個令

人困惑的爭論：

「觀察一下你對錯覺的態度和我的不同。你必須竭盡全力捍衛宗教錯覺。如果它（神）變得不可信，並且確實對它的威脅是足夠大的，那麼你們的世界就會崩潰。除了對一切，對文明和人類的未來感到絕望之外，幾乎什麼都蕩然無存了。

從那束縛中，我，我們，獲得了自由。我們的未來沒有那個如宗教裡的那種真實的東西，但我們相信嬰兒式的願望（infantile wishes），既然我們已經準備好放棄大部分嬰兒式的願望，那麼即使我們的一些期望變成了錯覺，我們也能忍受。（1927年，54）」

以上的談論及表達，佛洛依德似乎帶著精神的視角，窺見了一般人共享的外在現實之外的不同結構層次去，宗教本屬於精神或靈性的信仰，需透過強烈及堅定的信念、內容，再加上儀式由下而上、由裡而外的鞏固起必需要是牢不可破的精神信念，一旦垮台則會面臨所有價值體系的崩毀。而精神分析則是一條科學的道理上，走在虛與實、意識與潛意識、原始與文

跨出去 被一束黑暗，點亮起來

明、精神現實與外在現實、顯夢與隱夢的擺盪之間，找到一個認識精神現實的方式，因此，他一再的強調精神分析的方法學，而不是知識論本體的部分。

我們看到，佛洛依德堅持認為，我們的科學是建立在對這種產生心智過程的過程，是在裝置（包含錯覺的產生）的本質的關注之上，而不是建立在它的任何具體內容之上。信念與裝置的存在有關，而作為我們的傳統，我們必須傳遞的知識與我們用來研究這種裝置木身及其潛意識機制的方法比較有關。這是一種方法的傳遞，而不是信念的傳遞。（Blass 2004; Neri 2005）精神分析重點在傳遞一種心智運作的方法，而不是一種內容（即信念）。

然而，我們必須承認，精神分析不僅涉及一種傾聽潛意識思維的方法，而且涉及在潛意識心智中所發現的思想內容（補充：例如宗教重視內容、神傳達了什麼旨意）。《夢的解釋》（1900）佛洛伊德邀請我們進行分析，以發現夢的另一個領域，一個以前未被認知的領域。佛洛伊德堅持認為，傾聽夢的顯性內容，根據他的方法，就有可能獲得夢的潛意識意義。

但這與宗教思想家的主張不同，宗教思想家認爲，通過以他所建議的方式閱讀經文，讀者將能夠看到其隱藏的訊息。

當然，在一種情況下，訊息是由一個人（病人，做夢者）提供的，而在另一種情況下，訊息是由書面文本提供的。我們可以輕易地用神祕主義者、先知或宗教教師的話來代替神聖的經文。那麼，眞正的區別就顯現出來了：在宗教的情況下，所討論的內容被認爲是作爲一種信仰的眞理。相反，在臨床情況下，我們不需要認爲對方所說的是眞的，才需要承認它是一個現實，而是被視爲精神現實以顯內容的方式表達出來。

可以說，精神分析相信潛意識經驗，但這種經驗並不必然是描繪是眞實的事實。相比之下，宗教訊息要求人們相信眞理。因此，去信任病人就意味著能認可他潛意識的相信，而信任宗教人士意味著分享他的信仰。（宗教）傳統它是一套信仰共享的內容。但是精神分析的認可包含了什麼呢？

對Widlöcher來說，作爲精神分析師，我們以何

 跨出去 被一束黑暗，點亮起來

種方式來擁有這樣一種精神現實的感覺？潛意識的主觀經驗並沒有真正的證據。只有運用傾聽的精神分析方法，我們才能感受到它的真實。感覺既不需要信仰也不需要信任，它只是一種經驗。如果我們以適當的方式去傾聽對方的話，我們就會得到這種經驗。

精神現實的本質是基於前述所提到是以感受到真實（feel it as real）為基礎的，是在1933年的《新論》（New introduction Lectures）的第29講中，佛洛伊德清楚地闡明了：「每當我開始懷疑我那搖擺不定的結論是否正確時，成功地將一個毫無意義的、混亂的夢轉變為做夢者合乎邏輯的、可理解的心理過程，就會讓我重新相信自己走在正確的道路上（7）。」因此，精神分析師透過發現精神事件意義的方法獲得了信心。

這種實踐是兩種心智交流的一種獨特形式，既不是基於可觀察到的臨床事實，也不是基於實驗觀察。而是建立在分析師認可了把精神事件的存在當作是一種事實來看待（the psychic event as a fact），佛洛伊德所指涉的，關切的論點是潛意識的心智的

「活動」（activity）本身，它體現了本我的需求並遵循著初級歷程（最原始的心理流程非意識所能理解的）。這就是爲什麼夢的理論聚焦於潛意識的心智活動，被認爲是方法上的典範。應當強調的是，在這種情況下，懷疑和確定的事情不僅適用於精神分析對精神生活的解釋，而且適用於心智中潛意識內容的存在。

【精神現實的本質是錯覺的】

因爲當我們開始承認心智中潛意識內容的現實（reality）時，我們也知道，心智裝置的一部分，即結構性的「潛意識」，在心智中創造了錯覺式（illusory）相信。

要理解這一問題，我們必須更理解「精神現實」的概念，這一概念首先由佛洛依德在《圖騰與禁忌》中闡述。他寫道，這是心智一種原始能力，對於「偏好精神而非實際的現實，就像普通人對現實的反應是一樣的」（1913年，159）。精神現實被視爲第二個

精神的場景。

　而精神現實只是被認爲是一種簡單的知覺扭曲，一種錯誤而已嗎？那麼從臨床的觀點來看，這只是意味著分析師的詮釋性工作只是爲了要對阻抗做糾正而已。然而，Ronald Britton（1995）非常準確地指出，精神現實不僅僅是一般的錯誤，而是一種錯誤的信念，信念不是判斷錯誤的結果；而是一個受到「欲望、恐懼和期望」影響的積極過程。

　Britton說錯誤的判斷如同自我（ego）的失能。但作者認爲，Britton的觀點雖然正確地指出了精神現實不僅僅是一個錯誤，但卻忽視了潛意識的原我（id）驅動的強迫性力量。它源於一種源自id的幻覺式的活動，原我（id）將自己當作現實並強加於自我（ego）之上。與其將其簡化爲過去的記憶，我們應該將精神現實視爲另一個場景，我們必須將其劇本演繹出來，從而將ego從它的支配中解放出來。

【夢與精神現實】

　　1914年版的《夢的解析》中佛洛依德說加了備註關於精神現實這個詞：「如果我們看看潛意識的願望變成他們的最基本和最真實形式，無疑的，我們不得出這樣一個結論：這精神現實是一種特殊形式的存在，不與物質現實有什麼混淆。」。在這裡，佛洛伊德在他關於夢和願望之間關係的理論中留出了一個模糊的空間。他在《夢的解析》中提出，構成夢的表徵（「場景」）代表願望的實現。夢從來不是一幅簡單的圖畫。它是一種「行動的表徵」（action-representation）。顯性內容（顯夢）最好描述為一個情節展開的場景（舞台），或者一連串的場景。我們總是可以透過把做夢者置於一個行動者（演員）的位置，在夢中扮演主動或被動的角色，或者注視著一個外在展開的動作，來描述夢境。

　　夢的框架——對象和在場的人是為了行為被賦予意義。並沒有一個現實的脈絡能完整的包圍及解釋整場這的這一幕戲的意義，而我們只能看到特定具體的

跨出去　被一束黑暗，點亮起來

符號在當中展演，這夢境行動密切相關。當這些符號顯得不協調或無用，與夢的明顯意義無關時，這就意味著要尋找一個場景以表達一個重要的特徵，並假設這個場景（即它的潛在內容，即隱夢）與顯夢相關。

但是這個夢遵循著它自己的表現規則。構成明顯內容的場景總是在沒有任何信仰或願望的情況下出現。事件以完成模式表示；它就在夢的當刻就展開了。因此，夢沒有信仰、沒有懷疑、沒有否定。讓我們明確的是:有些是願望的表達（希望、拒絕、意志）在夢的內容中（「我想離開這個地方」），但不在夢的報告中：場景就在那裡，沒有任何信仰或選擇的形態。做夢者所經歷的只是他正在執行他所從事的行動，無論他是主動的行動者、被動的主體還是觀察者。

那些呈現在意識中的場景或表徵允許我們發現那些我們通常稱之為潛意識的、原我的衍生物。從這個角度來看，潛意識與其說是真理的承載者，不如說是錯覺力量的代理人。潛意識與其說是一個有待解碼的神諭訊息，不如說是一個不斷創造的場景和故事。和

上帝一樣，潛意識也會創造它所思考的東西。潛意識是一種錯覺。

在精神分析中（就像在某些神祕學的傳統一樣），我們必須尊重矛盾、否定、悖論、新的假設和公平的爭論。精神分析師必須以同樣的方式看待他的建構，就像他所認為潛意識的精神現實一樣。對精神分析學來說，重要的是確信精神現實存在，而不是信仰它的特定內容，精神分析師必須傳遞的傳統，是他用來探索這個「其他真實」的方法。這是一種創造性的傳統，一種「和真實玩耍」的傳統，它開啟了發現存在於潛意識本我中的幻覺力量的途徑，並因此出現在我們的夢中。

而今今、昨昨、明明等明確的時間切分，在潛意識中以錯覺為主導的原我慾力，又得得所謂現實上的童年期或成人期之間的分野又有可能分在哪裡嗎？或者，總是踏在未來時間感身為成人的我們卻總是被誤入走回原鄉的路，精神現實總會在錯覺中成為引路人的。

跨出去 被一束黑暗，點亮起來

參考資料

1. Winnicott, D. W. (1941). The observation of infants in a set situation. The International Journal of Psychoanalysis, 22, 229–249.
2. Widlöcher, D. (2006). Psychic Reality: Belief or Illusion？. Amer. Imago, 63(3):315-329.

註：這篇文章宣讀於2021.08.24中研院民族所，主標題：「童年」是個好地方？如果心理有「原始性」（primary）那是什麼？

第23章

溫尼科特觀察嬰孩「野蠻人」真假我的本能流動：mind如何帶壞psyche，讓soma從小孤單駐守原始地帶？

蔡榮裕

　　說原始，其實更是在說失落，可能不曾擁有或曾經擁有，但都有著想像中的心理失落。因為只要活著和活下去，文明就會走來，讓原始和原初被擠到邊緣，而那是孤獨，如宮崎駿的《天空之城》中，有一句話是：「我們的孤獨，就像天空中，漂浮的城市，彷彿是一個祕密，卻無從述說。」

　　這些比喻都是在表明著在文字和語言之外的另一個領域，只是就人的發展來說，在佛洛伊德想要呈現的是，那裡有著因為受苦受創而被潛在地推往那個地帶的經驗，那些經驗是以什麼方式存在著？這是個重要的謎題，不過精神分析是在這個假設下，為了探尋

何以會有歇斯底里、解離等精神官能症的緣由。

雖然現在的臨床想要處理的不再只是這些精神官能症，不過都還是接受這個原始領域的主張；也有人以動物性來比喻那些難以名之的所在，也許是和佛洛伊德引介了原我（或被譯做本我）的概念，進來而讓大家好奇，如何了解原我或本我；由於它的原始性？因為它的原本意思就是英文的it？只是為了讓精神分析的論述有所不同，而以id做為英譯詞？這也就是我們的「它」，在我們的語彙「它」是指非人的存在，也可以說是動物的它，而不是人的他或她；因此它是指動物化的能量，佛洛伊德也是用過馴化的說法，來說明精神分析的處置。

不過我們不再只侷限在佛洛伊德的論點，而是要進一步介紹英國精神分析家溫尼科特（Winnicott）給大家認識。他是小兒科醫師，也是精神分析師，在精神分析百年來，幾乎所有期刊的數位化集結所在PEP，前十篇最受歡迎的文章裡，他的文章占了四篇，而且是長期以來一直如此。

延續《圖騰與禁忌》以及佛洛伊德對於孫子的

觀察，在母親出門不在時的Fort-Da遊戲，有著觀察玩和儀式的兩種意象和解讀。加上瑞君以溫尼科特（Winnicott）觀察被抱在母親懷裡的嬰孩，來到小兒科診間時，嬰孩如何玩桌上鴨舌棒的過程和詮釋裡，隱含的心與身的互動關係，這是精神分析家式的解說，在小兒科門診所觀察現象的方式。

佛洛伊德所描繪的小孩的線圈遊戲，他解讀是重要客體對象缺席不在場時，小孩子對於失去所再現的心理意義，藉著玩來創造地化解內心深處的不安。或者不只是不安，而是對於失落和匱乏的心理處置方式，這種方式何以會出現，只是自然的反應？但這是什麼自然的反應？而且每個孩童的方式和動力是不同的，我們還需要在這種一般被視為自然或理所當然，人就會有的反應裡，來探索其中是否有著什麼潛在心理能力的存在，和它的未來發展與命運？

佛洛伊德《圖騰與禁忌》裡顯示的，佛洛伊德是感受到那種潛在力量的存在，只是相對於二三歲的「伊底帕斯情結」的三角客體關係，他以「原始人」的比喻，似乎要談的是更早年的心理狀態，那麼這是

  跨出去 被一束黑暗，點亮起來

什麼呢？這是我們在這裡要初探的領域。

　　原始性和部分客體，就精神分析史的發展來說，無法只停留在佛洛伊德的觀察和描繪，或者說需要再進一步描繪，他當年只是以簡化語詞所指出來的所在。那時他面對的是遠方的原始人，或內心更深處的原始性，在這場演講裡我們的初步目標，只是以這些內容來介紹溫尼科特，讓大家認識因為他的文章，在精神分析界裡是廣受歡迎，而且他所涉及的課題是緊貼著，深入佛洛伊德當年僅以primitive, primal, primary（原始、原初或野蠻）等語詞帶過的心理領域。

　　溫尼科特對於玩或遊戲有他深入且生動的描繪。在他的書Playing and Reality（1971），從他和嬰孩和孩童的工作裡，對於創造力的起源，以及嬰孩的內在世界和外在世界的互動性有生動的描繪。也可以說他的觀點就是承繼，克萊因（M. Klein）發展出遊戲分析後的進一步論點，這些精神分析觀察孩童的玩和遊戲，和成人的「自由聯想」是可以相對比的，得以和以成人為主的精神分析理論相連結起來。佛洛

伊德在晚年仍未忘懷的，希望能夠透過成人的歇斯底里的分析，而「建構」孩童早年的心智。溫尼科特則是直接和孩童玩，來建構生命更早年的心思和心智活動。

我先說明一下，什麼是自戀型和邊緣型個案，讓各位可以了解，何以我們會說溫尼科特的論點，對於原始性的探索所具有的臨床功能，不只是理論的推演而已。佛洛伊德在《圖騰與禁忌》裡，是從大的文化文明課題出發，以推論的方式來說明禁忌和圖騰的潛在心理學。而溫尼科特的時代，由於精神分析已累積更多臨床經驗和論述，因此鋪陳了往臨床過程細微部分的重複觀察，尤其是透過玩和遊戲的觀察，和解決臨床問題之間的互動關係，不論佛洛伊德往外顯的文明現象，和溫尼科特往臨床過程某些深細的方向，都是在往「原始性」推進，都有著如何增進對於原始性的更多了解。

佛洛伊德對於「分裂機制」（splitting）的描繪，正是目前分析治療對象裡，邊緣型個案常運用的重要心理防衛機制，「因此，本能的需求與現實

的禁制間存在衝突。但是實際上，孩子沒有做出選擇，或者說他同時選擇兩者，彼此並無不同。他用兩個相反的反應來回答衝突，這兩個反應都是有效的。一方面，在某些機制的協助下拒絕現實，拒絕接受任何禁令；另一方面，他以同樣的口吻認識到現實的危險，接管對危險的恐懼，將其視為一種病理症狀，隨後試圖擺脫恐懼。必須承認這是對困難的非常巧妙的解方。爭端的雙方都應分享自己的本分：允許本能保留其滿足感，並表現出對現實的適當尊重。但是一切都必須以一種或另一種方式付出，而這種成功是以自我的分裂為代價的。」（Freud, 1938, Splitting of the Ego in the Process of Defence，王明智心理師譯，取自《關於海洛因成癮的痛苦與榮耀》在「從過癮到上癮：癮是心理創傷的答案或謎題？」裡。）

佛洛伊德的《論自戀》（On Narcissism: An Introduction, 1914），他只是要引介大家去注意，人有比精神官能症所探索的心理，還更原始的心理領域。由於自戀的概念所表達的心理領域，是每個人都會有的殘跡，使得自戀想要描繪的領域變得無所不

在，好像所有問題都可以說有自戀，就好像古典理論說都有「性」一樣，在論理上反而可能因此變成缺系思考，而變得只有結論而淺薄了。不再是起初假設的，是深度心理學，就臨床現象並不是指出個案的某些問題有著自戀，就可以了解和洞識進而改善，甚至可能相反的結果，反而只是激怒對方，而無法有增加思考的可能性。

至於邊緣型人格，起初在佛洛伊德的年代，有群個案的症狀是界於，脫離現實的精神病，和與現實較有聯結的精神官能症，在兩者之間，有不少個案在兩者之間擺盪，而被定義為邊緣型。不過後來為了研究的目的，而需要愈來愈明確的定義症狀，邊緣型人格的定義就不再如起初那麼寬廣了。依目前的診斷條例來說，在臨床上常是以個案具有全好全壞，黑白二分的性格，缺乏中間地帶，另外常見有憂鬱的症狀，合併著常見的，從小就會出現的，在某些情況下，個案會以刀片輕割皮膚，而留下無數新舊交替的疤痕，在大腿或前臂內側，平時大都會以衣服遮掩著新舊條紋般的傷口。而且常聽到個案的說法是，在輕割前大

都是處於某些外在衝突後，或者孤單一人時的不存在感，也常聽到說，見了血慢慢從傷口滲出來時，並不會覺得痛，而是覺得再度活了過來。這項行為的精神動力有不少說法，不過在本文，是針對如前述這行為本身所具有如儀式般的行為。

佛洛伊德以「強迫症」的重複行為，來和人類學研究的儀式行為做對比，這是在「精神官能症」層次的類比象徵。但是如果以「邊緣型」個案為例，輕割出血前後的緊張和放鬆，或覺得自己存在的感受，與儀式行為做對比，是否會讓我們對於某些見血儀式的特性，有著不同的了解？如果從強迫行為的角度來做推論，意味著儀式化行為可能具有的，「伊底帕斯情結」和「嬰孩式性學」（infantile sexuality）的意涵，如同佛洛伊德在《圖騰與禁忌》裡描繪的，在原始部落裡，父親是唯一擁有所有女人的人，這引發了和下一代男人之間的紛爭和殺戮，以及後續兒子們對於弒父的罪惡感。

這種說法是一般了解的，由於是以很具體且「完整的客體」，例如完整的叫做「父親」的這個完整的

人，因此容易被錯覺地以為，心理的成長就是在現實生活裡，對於父親要抹去他的影響，才是真正的做為自己心理。這是象徵卻被具體化成，是否有成長的標的，這是一種誤解，畢竟伊底帕斯情結是在描繪，心理發展的過程會有「潛意識的」過程，不是變成「意識的」認知模式般，做為生活要去執行的認知做法，至於會容易產生這種錯覺的可能因素，是以「完整客體」來看深度心理學裡的「客體關係」。

其實，在英國學派的克萊因（M. Klein），加上後續的溫尼科特和比昂（Bion）的客體關係論點，大致都是以生命早年「破碎的部分客體」，做為想像和探索的焦點。例如克萊因的焦點在嬰孩和母親「乳房」的關係，這些「部分客體」的論點，以「部分特質」的方式存在著。我們就算長大成熟了，認識自己和他人的方式，通常都是依據著某些「部分特質」，而不是所謂「完整的」認識自己和他人，這常不是實情。尤其是那些覺得自己有某些「部分特質」不是自己想要的，而一直想要排除它們的矛盾狀態，就是意味著這種「部分客體」認識自己和他人的佐證。

尤其是那些被當做是「原始特質」者，大都是這種片斷經驗散置的「部分特質」，例如陳瑞君心理師所描繪的，溫尼科特觀察嬰孩玩鴨舌棒的過程，以把東西放進嘴巴品味，做為認識世界的方式。溫尼科特的鴨舌棒故事裡，嬰孩在歷經猶疑矛盾觀察大人的反應，直到後來能夠享受鴨舌棒在嘴巴裡的愉悅，並和大人玩起鴨舌棒放進大人嘴巴的遊戲，但大人不能真的用嘴巴含鴨舌棒，那會引來嬰孩的失望，好像那就只是玩，但是不要真的做，只是象徵，但假動作的玩，才會有真的玩得起來的愉悅。這是有趣的現象，也是我們進一步想像內心世界的趣味。

這些身體和心理互動交織的情況，也常出現在邊緣型個案，一如要覺得自己是活著，需要透過輕割自己，見了具體的血時，才會覺得自己活著。只是相對於這個鴨舌棒的故事，這些個案的做為，常是祕密方式進行，何以如此呢？身體和心理之間的互動，是有著什麼發展在其中呢？

可以意識層次的「現實原則」，來想通常當事者能說的，例如由於先前某些壓力或不滿而覺得委屈，

然後在自己的房間祕密地進行著，自割的舉動，也許可以對比某些宗教或民俗儀式裡的，類似放血或見血的儀式，例如乩童在宗教過程，以一些利器撞擊背部而見血的場景；或者台灣以前的選舉場合可見的，以到廟裡剁雞頭的見血儀式，來表白自己的清白；或者某些幫派入會儀式的歃血為盟，不過請記得，我們只是先舉出這些現象來做對比，如果進一步研究會是採取相互比對，相互豐富的方式，來建構這些見血的儀式裡，可能隱含的心理意義，而不是以我們的心理語詞，就說那是某些儀式行為的成因。

　　不過，我們需要坦白的是，對於邊緣型個案的這些見血的舉動或儀式，我們並不滿意於常聽見的釋放壓力的解釋。這可能是一種表面的現象，也就是接近宣洩出口的現象，如同前述佛洛伊德以精神官能症層次，強迫症的儀式化行為，來對比宗教的某些儀式，試圖來推論和假設宗教的心理學，我們在此提出的儀式化行為，是更原始的見血的舉動，由於症狀大都是出現在邊緣型，這些介於強迫症和廣義精神病之間的個案群，也就是這些舉動可能是更原始更碎片的心

理。

　　我們這麼說時，並不是說這就是答案了，有些個案說得像是只是在玩，也許有著想要輕描淡寫，或者是自覺有創意的舉動，但這是要溝通嗎？何以是隱藏式的自我滿足？或仍然有著想要溝通的客體對象，只是那不是外在的某些「完整客體」，而是內心裡零散破碎的「部分客體」？它們在比喻上，如同早年受傷而心碎的特質或部分客體，而相對於佛洛伊德舉例線圈遊戲裡，重複拉著線圈消失或出現，失去或再獲得的文明和創意，這種文明遊戲和這種輕割有著暴力血腥味很不同，見血的儀式裡也有可能是種創造嗎？如果內在裡是更巨大的恐懼和失落，如死掉般，見血的滲出，如同有著什麼心思或生命力，從皮膚底層滲透出來？因而無法只是如線圈遊戲，就可以緩解的內在張力？

　　至於如果從「現實原則」來說，我們無法從當事者在自割後，覺得放鬆感的儀式化行為，而說這是在享受放鬆感，這麼說只是讓對方覺得被誤解。但是何以需要重複的進行，這個儀式般的行為呢？依我們

的意見，可以引進潛意識的經驗，來嘗試說明這種行為，重複得如同某種儀式感的過程（聽個案在描繪那過程，不同人也有著他們特別的過程），也就是何以那種活著的感覺似乎是短暫的？這是就時間軸來說的，如果是內在心理來說，那種活著的感覺，如溫尼科特強調的，在嬰孩發展早期的「存在的持續感」（continuity of being），不過雖然有這個單一名詞，是相對於缺乏連續感的狀態，在溫尼科特和我們的臨床經驗，那是指那些生命早年即因無法如此，而心理上呈現破碎的經驗者，也就是接近佛洛伊德所說的原始性。

　　對這種現象的理解，我們仍先避免以「線性因果關係」來看待，我們先以溫尼科特在《Mind and its Relation to the Psyche-Soma.(1949)》裡，談論 mind, psyche, soma 三者之間的心理互動史，做為以後進一步想像的起點。溫尼科特在這篇有趣的文章裡，提到了一個內心戲，很原始的戰爭故事，我先從自己的解讀來描繪它，碎片式存在的原始性長大後，對於這些原始性的態度。這是我從這篇文章裡萃取出

來的故事。

　　溫尼科特將mind當做是，專門替嬰孩應付外在環境侵襲（inpingment）時的反應打擊機制。他未多做解釋何以編派mind當做這個角色，也許跟他在文中提到，有個案會說要把mind弄掉，因為那對自己是干擾。溫尼科特以mind、psyche、soma三個角色或機構，來說明嬰孩心理健康發展的三大因子。

　　他說的故事是這樣，如果外在環境可以在起初主動適應嬰孩的需要，對嬰孩是很重要的，至於嬰孩的需要是什麼，他是以psyche-soma這個組合做為基底，當psyche-soma在起初能夠被滿足，而後慢慢地外在客體採取被動，讓嬰孩的psyche-soma可以慢慢適應，因為照顧者在妥適情況下，慢慢出現的服務不夠周全時，嬰孩可以在當時能力可及的情況下，發揮自己的適應的能力，來補外在環境服務不周的漏洞。

　　他主張這是必要的過程，依我的見解是這樣，外在環境，如母親，起初要是主動適應嬰孩，是要「完美的」（wonderful）母親，而後來是「恰恰

好」（good enough）（實際上當然不是那麼容易做到）。雖然會讓嬰孩處於錯覺的狀態，覺得所有的情況都是在自己的掌握之下完成的任務。也就是如果外在環境能夠依著嬰孩的情況，先主動的百分百服務到家，後來逐漸地服務有漏洞，但不是嬰孩無法補得來的漏洞。

那麼就會讓嬰孩的psyche-soma，如同童話裡的王子公主般，從此過得快樂幸福的日子。溫尼科特沒有引用王子公主的故事，不過從他的主張來說，的確是這種幸福下，psyche-soma就會健康的發展。所謂健康的發展，溫尼科特是主張「存在的連續感」，也就是在psyche-soma兩者幸福地牽手在一起發展的過程，達成了存在的連續感。至於是否人只要有這種存在連續感下的健康，在未來的自處或他人互動，就會有能力孤獨以及關切他人。

回到這篇psyche-soma的文章，如果嬰孩在發展的過程裡，外在環境不是如前說的那般先主動適應嬰孩，再慢慢適時被動適應，而是可能過於侵犯或者過於忽略，溫尼科特稱呼這種情況是外在環境的「侵

襲」。如同生物的免疫概念,在心理機制上,編派了mind出馬來應付外來的侵襲,在發展的過程,由於mind會愈戰愈猛,愈來愈壯大,它會誘惑psyche離開soma,而重構成mind-psyche的新組合。使得soma變成孤立,自己成長,溫尼科特表示這樣的發展,會造成嬰孩的存在連續感出現問題。讓psyche-soma原本是一起成長,一起相互欣賞,而讓存在的連續感可以悠哉地,並有創意地過活的日子,變成隨時要爭戰,隨時要起身捍衛的狀態裡。

mind、psyche、soma不再是安靜在一起,意味著這是幸福感和持續感的基礎,由於mind做為防衛者,有如自我(ego)的角色,溫科特指定它擔任的角色,它是防衛者,也是反擊者,由於人生不可能不受外在環境的侵擾,畢竟如佛洛伊德所說的,自我(ego)在自己的家裡不是主人,而是僕人,它的主人有原我、超我和外在環境。mind因此是常年在外爭戰者,久而久之就是個好戰者,它會誘惑psyche一起,讓原本的重要組合者soma變成孤單者,意味著身體走過孤單的長路,臨床上出現的是身體抱怨的

出現且固著，意味著身體在被拋棄後，它有著自己的話想說。

「溫尼科特認爲，唯有在孤獨時，嬰孩才能獲得如成人世界的那種放鬆狀態，唯有在這種狀態裡，嬰孩能夠處在一種未整合、缺乏定向感，卻能夠存在一段時間，而不必回應外來刺激，或是有主要照顧者提供一些主動的興趣給嬰孩。溫尼科特把這個狀態稱呼爲原我的經驗，嬰孩在其間經驗著一些衝動和感受，而且在這個狀態裡，人能夠真正經驗到真實感，他認爲這才是真正屬於自己的個人經驗。

因而這種孤獨能力的養成，需要有個重要他者的存在，認可適時的不干涉這件事情是個重要的發展需要。溫尼科特意圖再進一步說明，在這種孤獨的情境裡，仍需要原我的動力，而非是一種死寂，這種原我衝動需要在一個有自我相關的情境下，原我才不致於變成只有肆意妄爲的破壞力。」（陳瑞君心理師，活在身體軀殼裡的垂死靈魂——自傷成癮，在《「癮」是心理創傷的答案或謎題？》裡。）

相對於邊緣型者的主要症狀，是不是黑，就是白

跨出去 被一束黑暗，點亮起來

的，看自己和他人，也有著憂鬱，覺得生不如死去，沒有活著的感覺，如果說mind是如同溫尼科特在其它文章《Ego distortion in terms of true and false self. In: The maturational processes and the facilitating environment. 1960》談的「假我」，兩者是有些接近，而psyche-soma的幸福存在連續感，有些像是「真我」，那是一堆活生生的能量，如果不被假我過度的防衛所侷限，真我是讓人覺得有存在真實感的重要角色。那麼輕割自己的皮膚，意味著有著自由，可以割破古老的防衛，讓真我隨著血跡流露出來，而覺得再度活起來嗎？但由於只是輕割，傷口很快就癒合，感覺自己的真我所帶來的活生生感覺，再度被封閉起來？（完）

註：這篇文章宣讀於2021.08.24中研院民族所，主標題：「童年」是個好地方？如果心理有「原始性」（primary）那是什麼？

附錄

薩所羅蘭團隊：

【薩所羅蘭的山】

陳瑞君、王明智、許薰月、劉玉文、魏與晟、
陳建佑、劉又銘、謝朝唐、王盈彬、黃守宏、
郭淑惠、蔡榮裕

【薩所羅蘭的風】（年輕協力者）

李宛蓁、魏家璿、白芮瑜、蔡宛濃、曾薏宸、
彭明雅、王慈襄、張博健、劉士銘

【薩所羅蘭的山】

陳瑞君

諮商心理師
《過渡空間》心理諮商所所長
臺灣精神分析學會會員
臺灣醫療人類學學會會員
臺灣精神分析學會推薦精神分析取向心理治療師

臺灣精神分析學會《台北》心理治療入門課程召集人
松德院區《思想起心理治療中心》心理治療督導
國立臺灣師範大學教育心理與諮商所博士班研究生
聯絡方式：intranspace@gmail.com

王明智

諮商心理師
臺灣精神分析學會會員
《小隱》心理諮商所所長
臺灣精神分析學會推薦精神分析取向心理治療師
臺灣精神分析學會影音小組召集人
松德院區《思想起心理治療中心》心理治療督導

許薰月

諮商心理師
巴黎七大精神分析與心理病理學博士候選人

劉玉文

諮商心理師
看見心理諮商所治療師
亞洲共創學院總經理／資深職涯顧問
臺灣精神分析學會會員

魏與晟

臺北市聯合醫院松德院區諮商心理師
臺灣精神分析學會會員
精神分析臺中慢讀學校講師
松德院區諮商心理實習計畫主持
國立臺北教育大學心理與諮商研究所碩士

謝朝唐

精神科專科醫師
中山大學哲學碩士
巴黎七大精神分析與心理病理學博士候選人

劉又銘

精神科專科醫師
台中佑芯身心診所負責人
臺灣精神分析學會推薦精神分析取向心理治療師
精神分析臺中慢讀學校講師
聯絡方式：alancecil.tw@yahoo.com.tw

陳建佑

精神科專科醫師
臺灣精神分析學會會員
精神分析取向心理治療師

高雄市佳欣診所醫師

聯絡方式：psytjyc135@gmail.com

王盈彬

精神科專科醫師

精神分析取向心理治療師

臺灣精神醫學會會員

臺灣精神分析學會會員

臺灣精神分析學會《台南》心理治療入門課程召集人

英國倫敦大學學院理論精神分析碩士

王盈彬精神科診所暨精神分析工作室主持人

聯絡方式：https://www.drwang.com.tw/

黃守宏

臺北醫學大學附設醫院精神科暨睡眠中心主治醫師

臺北醫學大學醫學系專任講師

臺北醫學大學學生事務處學生輔導中心主任

臺灣精神分析學會會員

臺灣精神分析學會台北春秋季班講師

松德院區《思想起心理治療中心》心理治療督導

美國匹茲堡大學精神研究中心訪問學者

郭淑惠

諮商心理師
新竹《心璞藝術》心理諮商所所長
精神分析取向心理治療師
臺灣精神分析學會會員
臺灣藝術治療學會專業會員
松德院區《思想起心理治療中心》心理治療師
台北市立大學教育學系教育心理與輔導組博士
聯絡方式：xinpu48@gmail.com

蔡榮裕

精神科專科醫師
臺灣心理治療個案管理學會理事長
前松德院區精神科專科主治醫師
臺灣精神分析學會名譽理事長
臺灣醫療人類學學會會員
高雄醫學大學阿米巴詩社社員
松德院區《思想起心理治療中心》心理治療資深督導
聯絡方式：roytsai49@gmail.com

國家圖書館出版品預行編目資料

跨出去：被一束黑暗，點亮起來/王盈彬, 陳建佑, 黃守宏, 劉又銘, 陳瑞
君, 王明智, 魏與晟, 郭淑惠, 蔡榮裕合著. --初版.--臺北市：薩所羅蘭分
析顧問有限公司，2023.6
　　面；　公分---【薩所羅蘭】精神分析的人間條件 09
ISBN 978-626-97100-2-7（平裝）
1.CST: 精神分析學
175.7　　　　　　　　　　　　　　　　　　　　112003307

【薩所羅蘭】精神分析的人間條件 09

跨出去：被一束黑暗，點亮起來

作　　者　王盈彬、陳建佑、黃守宏、劉又銘、陳瑞君
　　　　　王明智、魏與晟、郭淑惠、蔡榮裕
校　　對　張博健、白芮瑜
發 行 人　陳瑞君
出版發行　薩所羅蘭分析顧問有限公司
　　　　　10664臺北市大安區和平東路二段201號4樓之3
　　　　　電話：0928-170048
設計編印　白象文化事業有限公司
　　　　　專案主編：陳逸儒　經紀人：徐錦淳
經銷代理　白象文化事業有限公司
　　　　　412台中市大里區科技路1號8樓之2（台中軟體園區）
　　　　　出版專線：（04）2496-5995　　傳真：（04）2496-9901
　　　　　401台中市東區和平街228巷44號（經銷部）
　　　　　購書專線：（04）2220-8589　　傳真：（04）2220-8505
印　　刷　基盛印刷工場
初版一刷　2023年6月
定　　價　400元

白象文化　印書小舖　出版‧經銷‧宣傳‧設計
PRESSSTORE
www·ElephantWhite·com·tw　自費出版的領導者　購書 白象文化生活館